Eva Hauck und Dorina Tessmann

stempeln drucken schablonieren

Haupt
GESTALTEN

Eva Hauck und Dorina Tessmann

stempeln drucken schablonieren

Das Werkstattbuch für Kinder

Haupt Verlag

IMPRESSUM

Projekte: Eva Hauck und Dorina Tessmann
Texte: Eva Hauck
Zeichnungen: Dorina Tessmann
Fotos: Charlen Christoph
Lektorat: der springende punkt, D-Berlin, www.derspringendepunkt.de
Umschlag, Gestaltung und Layout: Susanne Nöllgen/GrafikBüro, D-Berlin

1. Auflage 2017

Bibliografische Information der Deutschen Nationalbibliothek:
Die Deutsche Nationalbibliothek verzeichnet diese Publikation in der Deutschen Nationalbibliografie; detaillierte bibliografische Daten sind im Internet über http://dnb.dnb.de abrufbar.

ISBN 978-3-258-60168-7

Gedruckt in Kroatien

MIX
Papier aus verantwortungsvollen Quellen
FSC® C105545

Der Haupt Verlag wird vom Bundesamt für Kultur mit einem Strukturbeitrag für die Jahre 2016–2020 unterstützt.

Wünschen Sie regelmäßig Informationen über unsere neuen Titel zum Gestalten? Möchten Sie uns zu einem Buch ein Feedback geben? Haben Sie Anregungen für unser Programm? Dann besuchen Sie uns im Internet auf www.haupt.ch. Dort finden Sie aktuelle Informationen zu unseren Neuerscheinungen und können unseren Newsletter abonnieren.

www.haupt.ch

Wir danken Carlos, Chantal, Charlotte, Chiara, Daniel, Elisa, Eva, Greta, Jakob, Johannes, Julian, Kristin, Lina, Malte, Marlene (6 Jahre), Marlene (8 Jahre), Marvin, Nik, Nora, Paul, Rosa, Sala, Saskia, Severin, Tonia, Theresa und Vera für ihre Mitarbeit an diesem Buch.

Ein herzlicher Dank geht auch an Irmgard Lucht für die Informationen zum Naturdruck, insbesondere zur Technik der Überschneidung.

Daumenkino „Der Hai findet einen Schatz“: Nora (8 Jahre)

INHALT

EINLEITUNG

Los geht's mit den Abklatschbildern im Kapitel Klecksografie. Da bleibt vieles dem Zufall überlassen, denn wie sich die Farben beim Abklatschen verteilen, lässt sich nicht genau vorhersehen. Allerdings kannst du dem Zufall durch gerichtetes Pusten und Falten ein bisschen auf die Sprünge helfen. Schau doch mal, ob du in deinem Abklatsch Figuren oder Dinge erkennen kannst! Oft reichen wenige Striche mit einem Filzstift oder Kugelschreiber, damit auch andere sehen, was du siehst.

Das Stempeln gehört zu den einfachsten Drucktechniken und spielt in diesem Buch die Hauptrolle. Du brauchst dafür nur wenig Material extra anzuschaffen, denn die meisten Dinge, die sich als Stempel eignen, findest du in deiner Umgebung. Verschlüsse, Verpackungsmaterialien, Schnüre, Abflusssiebe, Borten und Spitzen, ja sogar deine Finger können Stempel sein!
Das Stempeln ist eine Hochdrucktechnik, das heißt, die druckenden Teile liegen höher als die nicht druckenden. Andere Druckverfahren (die in diesem Buch weniger ausführlich behandelt werden, weil sie für den Handdruck oft nicht geeignet sind und man eine Druckpresse braucht) sind der Tiefdruck, der Flachdruck und der Durchdruck. Wenn du mehr über diese Verfahren wissen willst, lies im Glossar auf Seite 134 bis 137 nach.

Für jeden Druck brauchst du außer der Druckform natürlich noch Farbe. Wir haben hauptsächlich mit Linoldruckfarbe auf Wasserbasis, Stoffmalfarbe und Stempelkissen gearbeitet. Aber fast alle diese Farben lassen sich auch durch Bastel- oder Wasserfarben ersetzen. Probier's aus!

Neben dem Stempeln lernst du in diesem Buch weitere Drucktechniken kennen, zum Beispiel die Monotypie, den Karton- und Naturdruck sowie den Druck mit Hartschaumplatten. Außerdem findest du Kapitel zu den Themen Schablonieren und Frottage (Abriebtechnik). Für viel Spannung sorgt das letzte Kapitel, in dem es um Bildtransfer geht. Dabei werden Ausschnitte aus Zeitschriften, Fotokopien oder Laserprints mithilfe von Klebeband oder Gelmedium auf neue Untergründe übertragen. Das Papier muss nach dem ersten Arbeitsschritt angefeuchtet und abgerubbelt werden. Und beim Rubbeln zeigt sich erst, ob das Bild komplett übertragen wurde und der Transfer geglückt ist.

Am Schluss des Buches findest du Tipps & Tricks sowie ein Glossar mit vielen Erklärungen zu Fachbegriffen. Wenn du Lust hast, dein Fachwissen zum Stempeln und Drucken zu prüfen, kannst du den Test auf Seite 138 machen. War dein Test erfolgreich, wartet auf Seite 143 eine Urkunde auf dich.

KLECKSOGRAFIE

Klecks und Abklatsch

MATERIAL

Papier, DIN A4
Zeichenkarton
Mit Wasser verdünnte Aquarell-, Tempera- oder Acrylfarben
Pinsel
Strohhalm

Bestimmt ist dir das auch schon mal passiert:
Ein Tropfen Farbe fällt aufs Papier und verursacht einen hässlichen Fleck auf dem fast fertigen Bild. Kleckse, die unbeabsichtigt entstehen, sorgen oft für Ärger oder Enttäuschung. Doch aus Klecksen können auch interessante Bilder werden, wie dieses Kapitel zeigt.
Hier wird nach Lust und Laune gekleckst und gekleckert. Der Zufall spielt eine große Rolle, aber du brauchst auch nicht alles dem Zufall zu überlassen. Techniken wie das Pusten und Abklatschen helfen dir, Kleckse zu verändern und zu „manipulieren“.

Postkarte

Klecks und Abklatsch

Du hast verschiedene Möglichkeiten, Kleckse zu erzeugen:

- Mit dem Pinsel klecksen (**A**)
- In die frische Farbe mit dem Strohhalm pusten (**B**)
- Das Papier auf verschiedene Weise falten und abklatschen (**C**)
- Neu entstandene Kleckse mit einem zweiten Papier abklatschen (**D**)

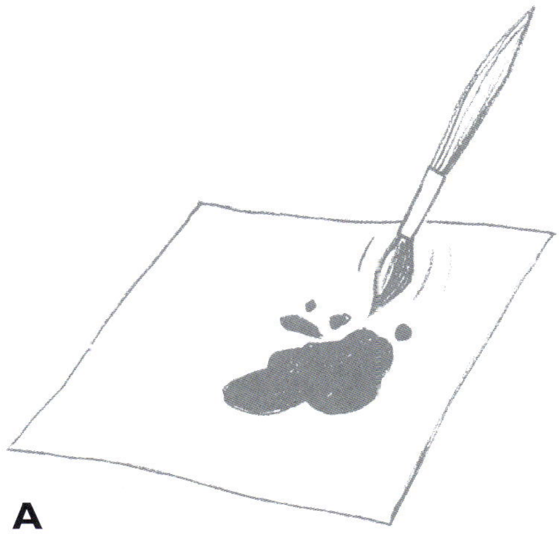

A

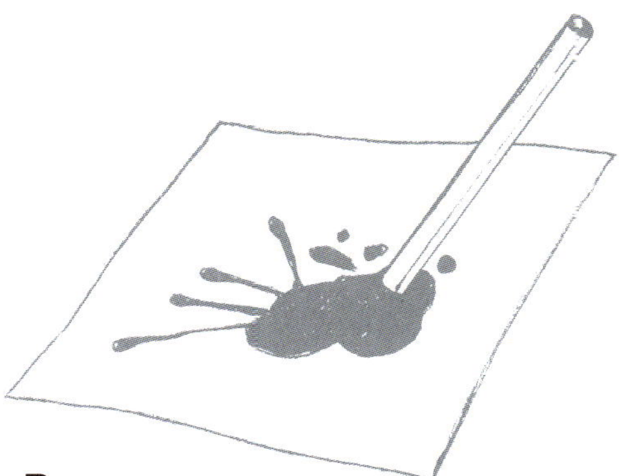

B

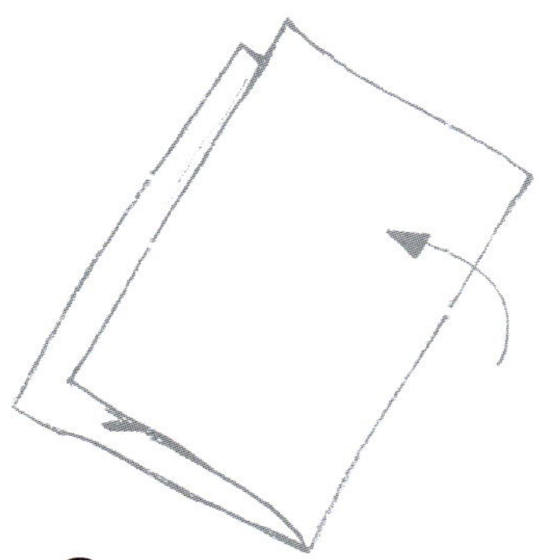

C

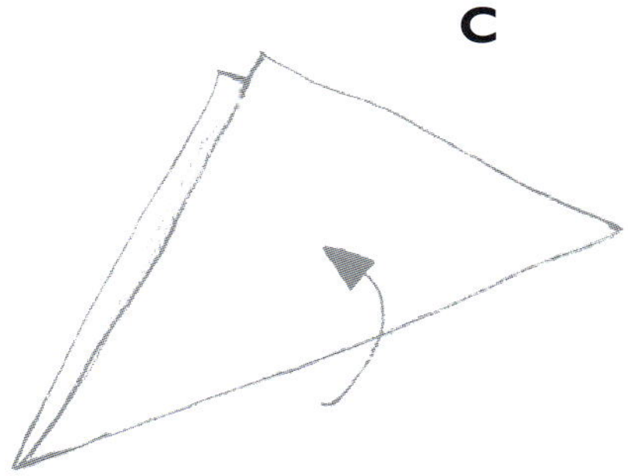

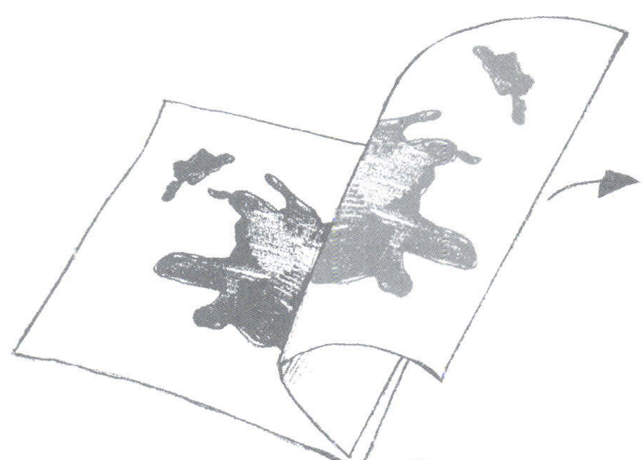

D

ICH SEHE WAS ...

WEITERGEZEICHNETE KLECKSBILDER

MATERIAL
Klecks- und Abklatschbilder (siehe Seiten 12/13)
Fineliner, Buntstifte oder Kugelschreiber

Nach der Anleitung auf den vorigen Seiten sind viele schöne Kleckse entstanden. Schau sie dir genau an. Entdeckst du etwas darin? Ein Gesicht, eine Figur, ein Tier?
Verschiedene Betrachter der Bilder sehen meistens unterschiedliche Dinge. Aber mit wenigen Strichen kann jeder das hervorheben, was er im Bild erkennt.
Du kannst neue Details ins Bild einzeichnen und einen Zusammenhang mit deinem Klecks herstellen. Mithilfe von Linien und indem du Flächen ausmalst oder schraffierst, hebst du Teile des Kleckses hervor oder verbindest verschiedene Teile zu einer neuen Figur. Es ist gar nicht nötig, dass du den gesamten Umriss deiner Figur als Linie einzeichnest. Häufig reicht ein kleiner Strich. Deine Fantasie hilft dir beim Zeichnen!

Monster und Wolf: Julian (8 Jahre), Drache: Chantal (13 Jahre), Giraffe und Hase: Elisa (6 Jahre) ▶

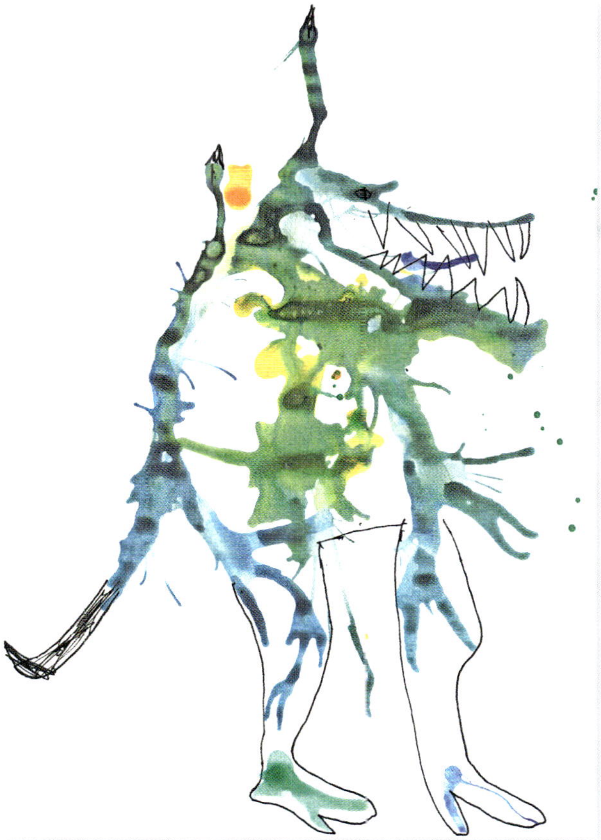

... WAS DU NICHT SIEHST!!!

Klecks und Abklatsch

Hurra, Hurra

Gekleckste Grüße

MATERIAL

Blankokarten, DIN A6
Mit Wasser verdünnte Aquarell-, Tempera- oder Acrylfarben
Pinsel
Strohhalm
Fineliner, Buntstifte oder Kugelschreiber
Bunter Zeichenkarton
Lineal
Cutter und Schneidematte

▲ Klecksbilder: Greta (10 Jahre) und Chantal (13 Jahre)

Wie auf den Seiten 10 und 13 erklärt, gestaltest du verschiedene Klecksbilder als Abklatsch auf Blankokarten. Du kannst die Karten natürlich auch selbst aus Zeichenkarton im Format 14,8 x 10,5 cm (DIN A6) zuschneiden. Dann entscheidest du, welche Kleckse sich für Grußkarten eignen. Wähle zum Beispiel solche Bilder aus, in denen du Landschaften oder Motive erkennen kannst, die zur Jahreszeit oder zum Anlass passen. Die Farben sind für Jahreszeitenbilder ganz entscheidend: Zum Frühling gehören Blau-, Grün- und Gelbtöne. Im Sommer stehen alle Rottöne sowie Blau und Gelb im Vordergrund. Der Herbst ist von Braun-, Grün- und Grautönen geprägt. Im Winter dominieren Blau, Violett und Grau.

Jetzt wird weitergezeichnet: Mit wenigen Strichen machst du deutlich, was du in den Klecksen siehst (siehe Seiten 14/15). Anschließend kannst du das Bild mit einem Gruß oder Spruch beschriften. Wenn du magst, schneidest du aus farblich passendem Karton einen Rahmen zu und klebst ihn unter das Bild. Schreibe deine Kartengrüße und die Adresse auf die Rückseite, klebe eine Briefmarke auf und schicke die Karte ab.

DIE POST IST DA!

STEMPELDRUCK UND WALZENDRUCK

Fingerstempeln

Die Stempel, die auf den nächsten Seiten eine Rolle spielen, musst du gar nicht extra herstellen. Denn du hast sie immer bei dir: Mit deinen Fäusten, Fingerkuppen und Fingerspitzen kannst du Abdrücke machen und mit wenigen Strichen zur Figur ergänzen.

Die Hautlinien (Papillarlinien) auf den Fingerkuppen verlaufen bei jedem Menschen anders. Weil das so ist, kann man Menschen anhand von Fingerabdrücken eindeutig identifizieren. Findet die Polizei an einem Tatort einen Fingerabdruck, kann das ein wichtiger Hinweis sein und helfen, ein Verbrechen aufzuklären.

Fingerabdrücke sind aber nicht nur wichtige Beweismittel, sondern sehen auch schön aus: Die Hautlinien bilden oft eine Art Spirale, Wirbel oder Bogen. Sie ergeben im Druck eine ganz besondere Struktur.

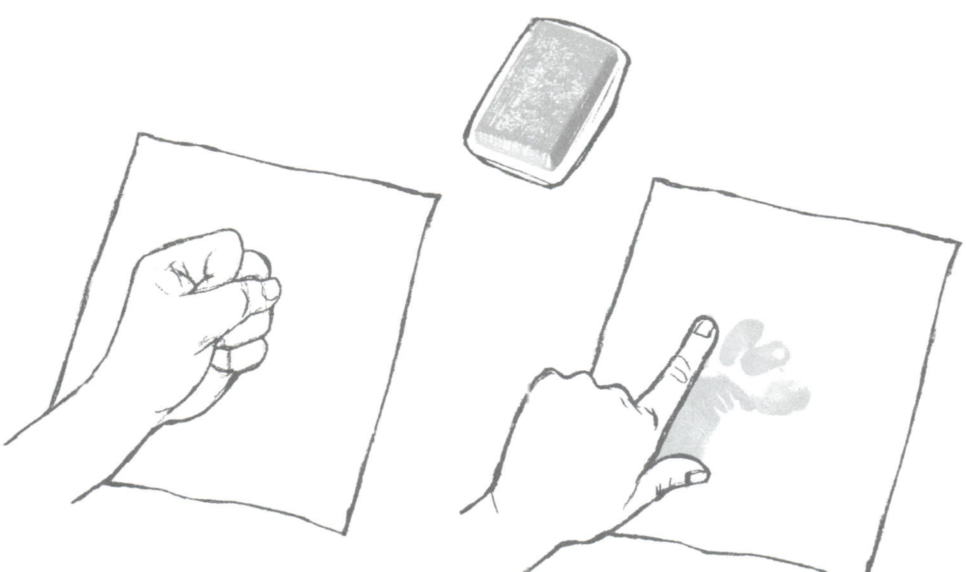

Probier es mal aus: Wenn du deine Finger und Daumen fest auf ein Stempelkissen drückst und anschließend auf Papier, entstehen unterschiedlich große Ovale. Der Daumenabdruck ist am größten. Die Abdrücke von Zeige-, Mittel- und Ringfinger sind häufig etwa gleich groß und deutlich kleiner als der Daumenabdruck. Am kleinsten ist der Abdruck des kleinen Fingers. Willst du kein Oval, sondern einen Kreis erzeugen, solltest du nur mit der vorderen Fingerspitze stempeln.

Du kannst natürlich auch mit anderen Körperteilen drucken. Sicher hast du während eines Urlaubs am Meer schon mal deine Fußabdrücke im nassen Sand bewundert. So ähnliche Abdrücke lassen sich auch mit den Händen erzeugen: Du machst eine Faust und drückst die Unterseite der Faust zuerst auf ein Stempelkissen und anschließend auf Papier. Der Abdruck sieht so aus wie ein Fußabdruck ohne die Abdrücke der Zehen. Diese stempelst du mit deinem Daumen (großer Zeh), deinem Zeige-, Mittel- oder Ringfinger (mittlere drei Zehen) und der Spitze deines kleinen Fingers (kleiner Zeh).

SCHRÄGER VOGEL

DAUMENKINO

MATERIAL

Kleiner Notizblock mit Leimbindung
(mindestens 30 Blatt Papier)
Stempelkissen, Fineliner
Schmierpapier, Bleistift
Farbiger Zeichenkarton
Lineal, Cutter und Schneidematte
Klebstoff

Kennst du Daumenkinos? Sie heißen so, weil man glaubt, wie im Kino bewegte Bilder zu sehen, wenn man die Seiten dieser Büchlein schnell mit dem Daumen durchblättert. Bei dem hier gezeigten Daumenkino brauchst du deinen Daumen nicht nur zum Blättern, sondern auch zum Stempeln.
Überlege dir zunächst eine kleine Geschichte, die du im Daumenkino zeigen willst. Gut eignen sich zum Beispiel Bewegungsabläufe: Eine Figur kommt von rechts ins Bild, läuft über das Papier und verschwindet links. Hier ist es ein Stelzenvogel, dessen Kopf und Körper von einem Daumenabdruck gebildet werden. Sicher fallen dir noch viele andere Szenen ein!
Am besten skizzierst du die Geschichte zuerst auf Schmierpapier vor. Zwischen Ausgangs- und Endbild sollen etwa 20 Zwischenschritte liegen.

Wenn du mit deinem Entwurf zufrieden bist, löst du so viele Blätter vom Notizblock, wie du für dein Daumenkino brauchst. Achte dabei darauf, dass die Leimbindung erhalten bleibt. Lege den Papierblock so vor dich, dass sich die Leimbindung links befindet. Soll der Betrachter später von vorne nach hinten blättern, lässt du deine Geschichte auf der ersten Seite beginnen und auf der letzten enden. Du kannst aber auch hinten beginnen und dich nach vorne arbeiten. In diesem Fall blättert man später von hinten nach vorne.
Nun stempelst du nach und nach deine Einzelbilder. Wichtig ist hierbei, dass sich Kopf und Körper des Stelzenvogels (der Daumenabdruck) immer auf gleicher Höhe befinden, aber mit jedem Bild etwas weiter nach links rücken. Das heißt, du drückst deinen Daumen zuerst auf das Stempelkissen und dann auf die Seiten des Blocks – mit jeder weiteren Seite ein Stück weiter links. Schnabel, Auge, Flügel und Beine des Stelzenvogels ergänzt du mit Fineliner. Die Bewegung zeigt sich nur an den Beinen: Mal ist das linke, mal das rechte Bein vorne; mal zeigt ein Fuß nach vorne, mal nach unten …
Wenn du magst, kannst du aus farbigem Zeichenkarton einen Umschlag zuschneiden, der minimal größer ist als das doppelte Format des Notizblocks. Falte ihn mittig und klebe ihn von hinten auf die erste und letzte Seite.

DA IST DER WURM (NICHT) DRIN!

Zeigt her eure Füsse ...

Einladungskarte

MATERIAL

Blankokarte, DIN A6
Stempelkissen in verschiedenen Farben
Schmierpapier
Filzstifte oder Buchstabenstempel

Mit deiner Faust stempelst du einen oder mehrere „Fußabdrücke" auf die Karte. Wie das geht, wird auf Seite 20 erklärt. Am besten machst du erst ein paar Testdrucke auf Schmierpapier.

Größere Kinder bringen vielleicht nur einen Abdruck unter, kleinere Kinder mit kleineren Fäusten können eine Spur aus mehreren Abdrücken legen. Diese Spur könnte zum Beispiel auf der Kartenrückseite zu deinem Haus führen. Schreibe deine Adresse, das Datum und die Uhrzeit der Feier dazu, damit klar wird, wo und wann deine Party stattfindet.
Achte darauf, dass über jedem Faustabdruck noch genug Platz ist, damit du mit deinem Daumen und den Fingern die „Zehenabdrücke" hinzufügen kannst. Schön sieht es aus, wenn du die Karte mithilfe von Buchstabenstempeln und verschiedenfarbigen Stempelkissen beschriftest.

Karten: Vera (3 Jahre), Lina (6 Jahre), Theresa (7 Jahre) und Marlene (8 Jahre) ▶

...ZEIGT HER EURE SCHUH...

Runde Verschlüsse und mehr

Hier wird mit allem gestempelt, was dir in die Hände fällt. Hauptsache, es ist rund! Geeignet sind alle Arten von Deckeln und Verschlüssen, Ohrstöpsel, Flaschenkorken, Filzgleiter für Möbel, Schaumstoffbürsten für Gläser, flache Knöpfe …

MATERIAL

Runde Verschlüsse, Ohrstöpsel, Knöpfe, Filzgleiter etc.
Holzbauklötze oder Blöcke aus Styropor
Doppelseitiges Klebeband (Verlegeband)
Schere
Linoldruckfarbe auf Wasserbasis
Farbwalze
Kartonreste oder Glasplatte
Papiere in verschiedenen Farben und Stärken

Die Herstellung der Stempel geht ganz einfach: Du nimmst einen Quader aus Holz oder Styropor (gut geeignet sind zum Beispiel deine alten Bauklötze). Das ist dein Druckstock, der mit einem runden Deckel, Knopf etc. beklebt wird. Am besten verwendest du doppelseitiges Klebeband (Verlegeband) zum Aufkleben. Fertige viele Stempel in unterschiedlichen Größen und mit verschiedenen Strukturen an und probiere sie alle aus. Du kannst wild durcheinanderstempeln, die Kreise zu Musterreihen oder Ornamenten anordnen und sogar Tiere stempeln.

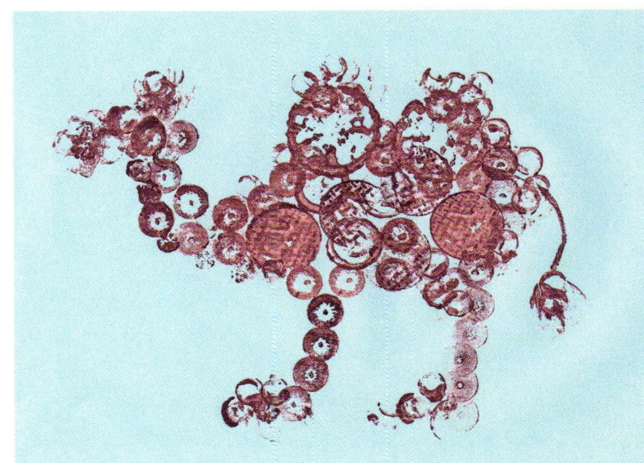

Runde Verschlüsse und mehr

RUND UND BUNT

T-SHIRT

MATERIAL

Kreisstempel (siehe Seiten 26/27)
T-Shirt
Pappe, DIN A3
Schere
Schmierpapier
Stoffmalfarbe
Kartonreste
Farbwalze
Bügeleisen zum Fixieren

Damit sich die Farbe beim Stempeln nicht auf die Rückseite durchdrückt, schiebst du zwischen Vorder- und Rückenteil ein Stück Pappe in das T-Shirt. Die Pappe sollte so breit sein wie das Shirt und so hoch wie das Motiv, das du stempeln möchtest.
Welches Motiv gefällt dir? Eine Borte, ein größeres Ornament oder eine Figur? Auf der vorigen Seite findest du einige Ideen.

◀ Elefant:
Chantal
(13 Jahre)

Du gibst Stoffmalfarbe auf einen Kartonrest, rollst sie mit der Farbwalze aus und drückst den Stempel hinein. Wenn du mit mehreren Farben arbeiten willst, solltest du für jede Farbe jeweils ein Stück Karton verwenden. Anschließend den Stempel fest auf den Untergrund drücken. Am besten stempelst du das Motiv zunächst auf Schmierpapier. Erst wenn du mit dem Ergebnis auf Papier zufrieden bist, stempelst du auf dem Shirt.

Lass die Farbe danach gut trocknen und entferne dann die zwischengelegte Pappe. Um die Farbe zu fixieren, bügelst du das T-Shirt von der Rückseite. Fertig zum Anziehen!

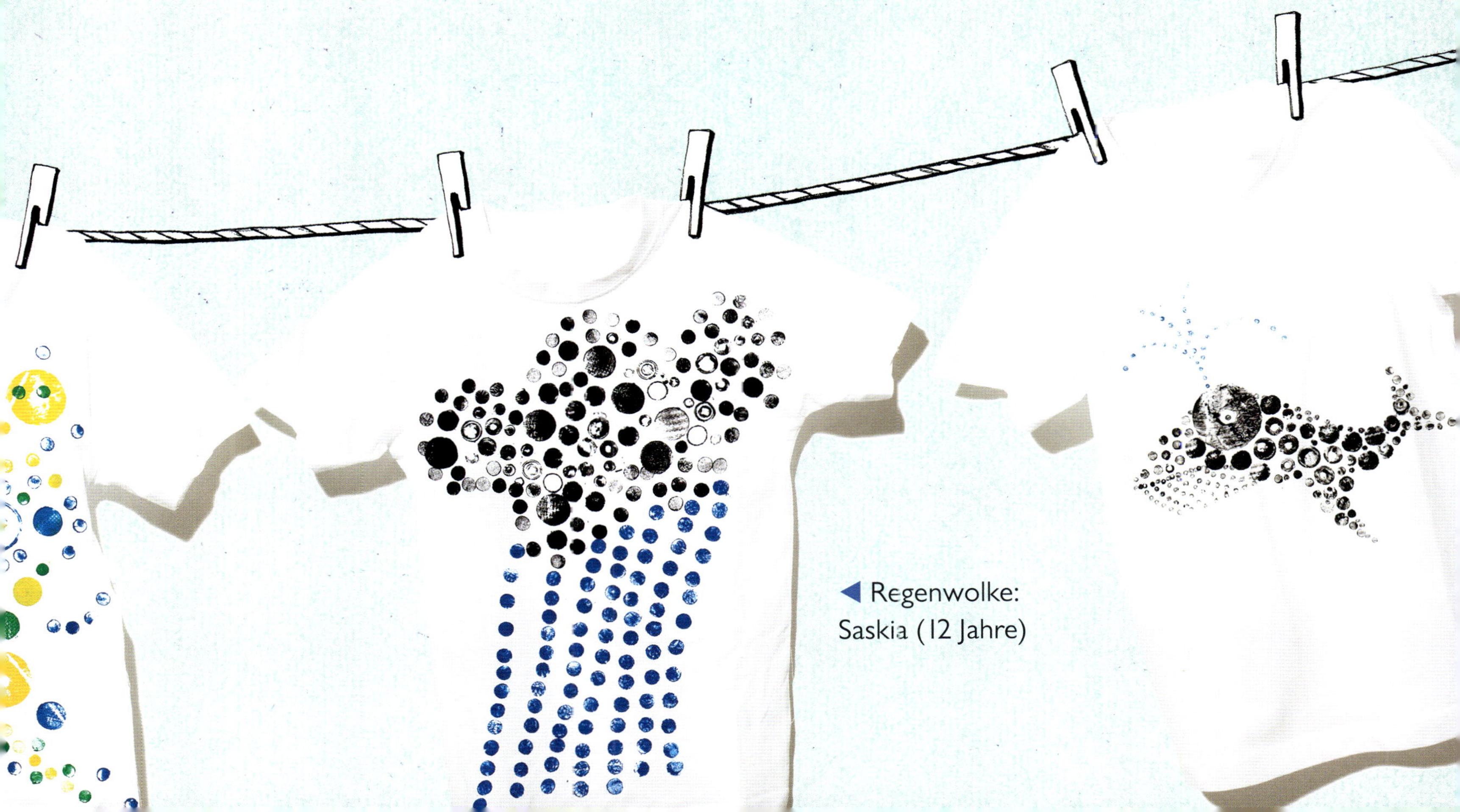

◀ Regenwolke:
Saskia (12 Jahre)

Schnur

Eine besondere Variante des Materialdrucks ist das Stempeln mit Schnüren. Das Bild ergibt sich aus der Art und Weise, wie Schnüre und Bänder in verschiedenen Stärken auf dem Druckstock angeordnet sind.

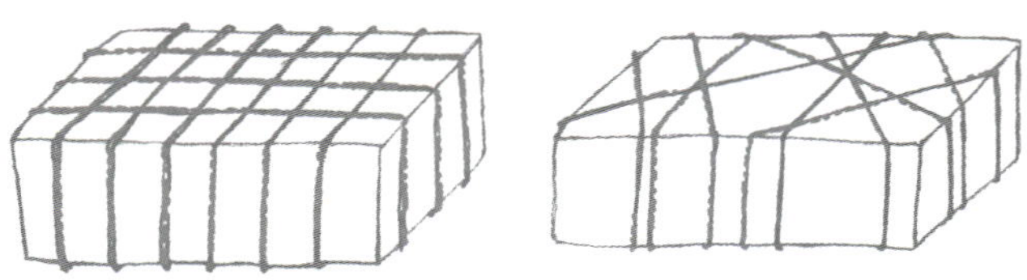

A

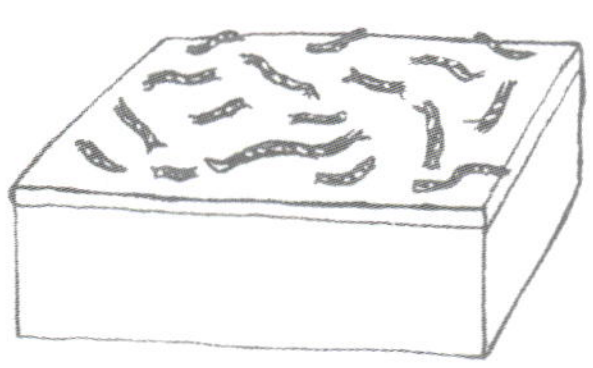

B

C

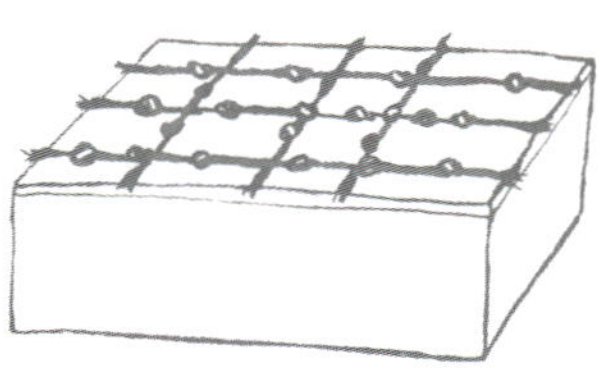

D

MATERIAL

Schnüre, Gummibänder, dickes Nähgarn, Kordel etc.
Bauklötze, Styroporquader, alte Stempel, Gläserdeckel
Doppelseitiges Klebeband (Verlegeband)
Klebstoff, Schere
Papiere
Stempelkissen
Linoldruckfarbe auf Wasserbasis
Kartonreste oder Glasplatte
Farbwalze

Du hast verschiedene Möglichkeiten, einen Schnurstempel herzustellen: Beispielsweise kannst du einen Druckstock (Bauklotz oder Ähnliches) regelmäßig oder unregelmäßig mit Schnur umwickeln (**A**). Oder du klebst Schnurstücke von unterschiedlicher Länge auf den Druckstock (**B**). Die Schnüre können auch in Spiralen aufgeklebt werden (**C**). Eine interessante Wirkung erzielst du, wenn du die Schnüre vor dem Aufkleben mehrmals knotest (**D**).

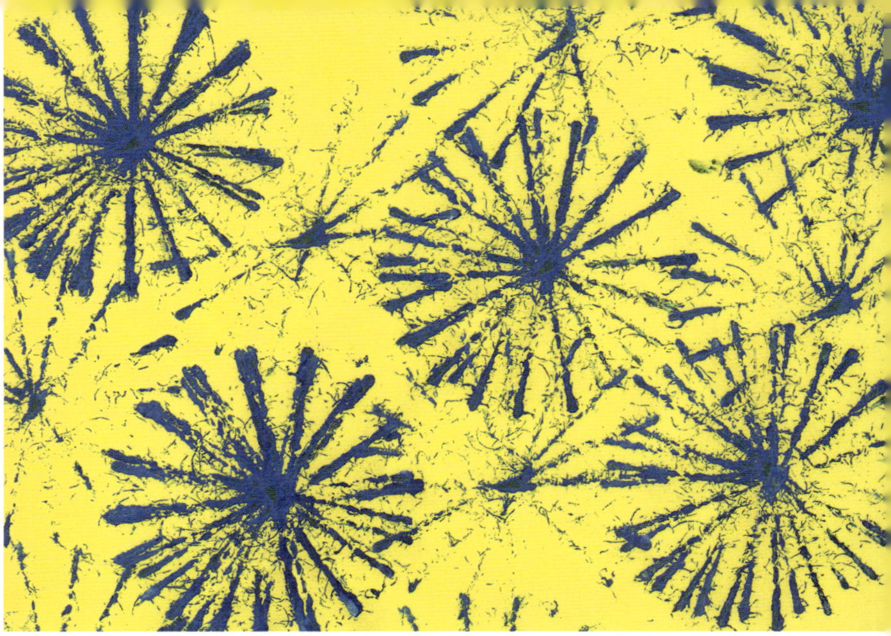

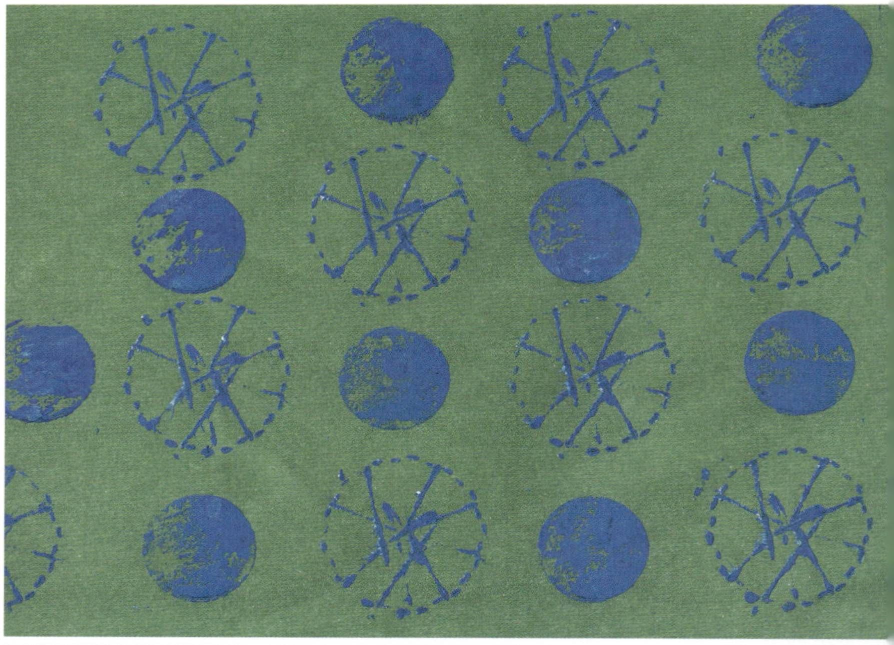
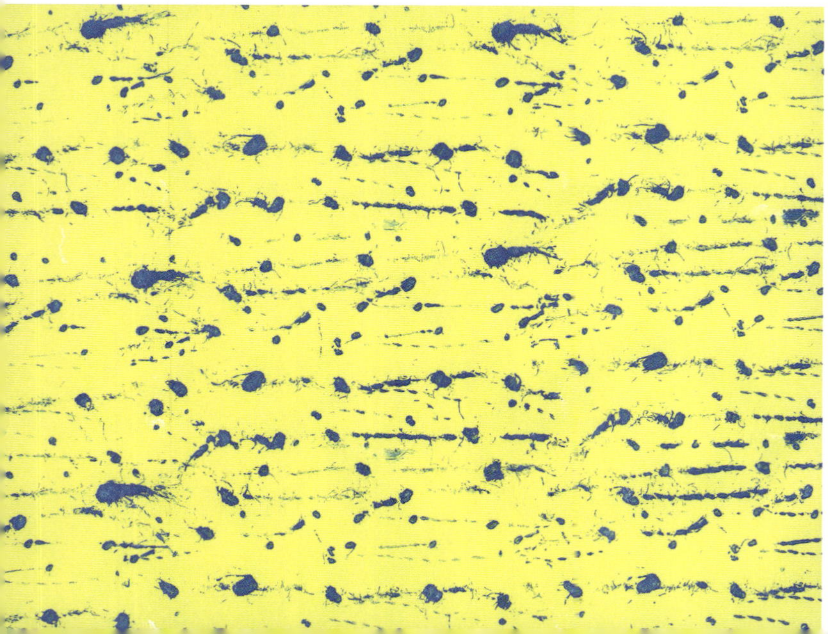

Farbe, wechsel dich

Brettspiel

MATERIAL

Notizblock mit verschiedenfarbigen Papieren, 3 x 3 cm
Karton, 25 x 25 cm
2 Schnurstempel mit unterschiedlichen Motiven (siehe Seiten 30/31)
Stempelkissen oder Linoldruckfarbe auf Wasserbasis, Kartonrest und Farbwalze
Bleistift
Klebestift
13 Korken
Cutter und Schneidematte
Acrylfarbe in Weiß

Um dein Spielbrett zu gestalten, brauchst du 64 Papierquadrate. Wie praktisch, dass es Mininotizblöcke mit verschiedenfarbigen Papieren gibt! Auf diese Weise bleibt dir das Zuschneiden der 64 Quadrate erspart. Lege zunächst 32 Papierquadrate in einer Farbe bereit. Die bestempelst du alle mit der gleichen Farbe und dem gleichen Motiv. Wiederhole das Ganze mit weiteren 32 Papierquadraten in einer zweiten Farbe. Fürs Stempeln wählst du ein anderes Motiv und eine andere Farbe.
Kontrastfarben sorgen für Unruhe. Harmonischer wirkt es, wenn du dich für Farben entscheidest, die im Farbkreis nahe beieinanderliegen, wie Orange und Rot, Orange und Gelb, Violett und Magenta, Violett und Blau, Blau und Grün oder Grün und Gelb.

Während die Druckfarbe trocknet, bereitest du das Spielbrett vor. Auf den Karton zeichnest du ein 24 x 24 cm großes Quadrat mit einem gleichmäßigen Abstand zur Außenkante (**A**). Anschließend klebst du die bestempelten Papierquadrate im rechten Winkel auf. Du beginnst in der rechten unteren Ecke und klebst abwechselnd ein Quadrat in der ersten Farbe und ein Quadrat in der zweiten Farbe (**B**). Die Muster sollten immer gleich ausgerichtet werden. Fahre auf diese Weise fort, die Quadrate im rechten Winkel aufzukleben (**C**), bis die markierte Fläche komplett gefüllt ist.
Dann schneidest du jeden Korken in fünf gleichmäßige Scheiben. Du benötigst insgesamt 64 Korkenscheiben. Wenn du noch nicht gut mit dem Cutter umgehen kannst, lass dir von einem Erwachsenen dabei helfen. Zum Schluss bemalst du eine Seite jeder Korkenscheibe mit weißer Acrylfarbe.

A

B

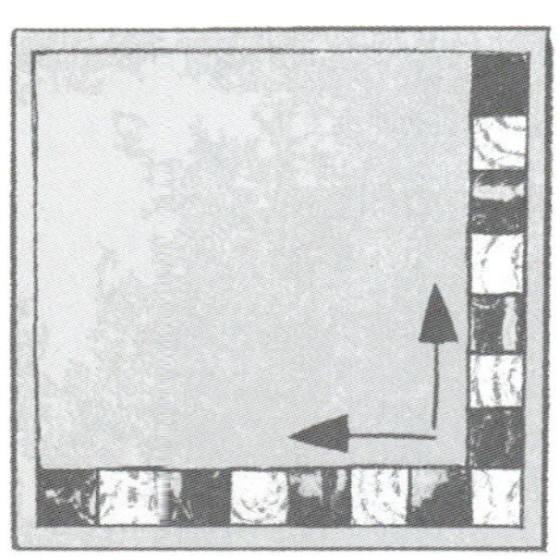

C

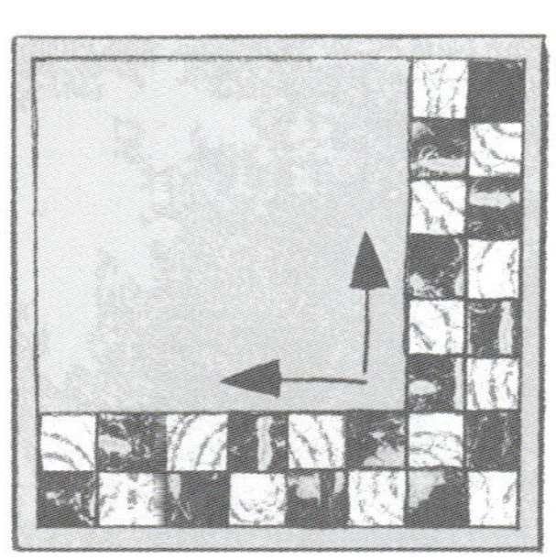

Spielanleitung für das Brettspiel „Farbe, wechsel dich“

2 Spieler, Spielbrett und 64 Spielsteine

Jeder der beiden Spieler bekommt zu Beginn 32 Spielsteine und entscheidet sich für die Farbe der Vorder- oder der Rückseite (in unserem Fall sieht man auf einer Seite den Kork, die andere Seite ist weiß). Der erste Spieler startet, indem er zwei Steine in die Mitte des Spielfelds setzt. Der andere Spieler platziert zwei Steine seiner Farbe daneben.
Von nun an darf jeder Spieler nur noch einen Stein setzen, und zwar nur dann, wenn er dadurch einen oder mehrere in einer geraden Reihe liegende Steine des Gegners einschließen kann. Sobald er die gegnerischen Steine in senkrechter, waagerechter oder diagonaler Richtung eingeschlossen hat, darf der Spieler diese Steine umdrehen und so zu seinen eigenen Steinen machen. Kann ein Spieler keine gegnerischen Steine einschließen, muss er aussetzen.
Während des Spiels kann ein Stein also seine Farbe mehrmals wechseln.
Das Spiel ist zu Ende, wenn alle Steine gesetzt sind oder wenn beide Spieler aussetzen müssen, weil sie keine gegnerischen Steine einschließen können. Wer zu diesem Zeitpunkt die meisten Steine seiner Farbe auf dem Spielfeld platziert hat, ist Sieger.

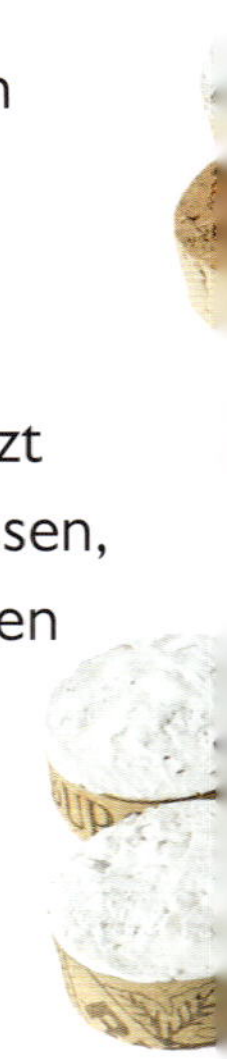

Radiergummi

Mit Radiergummis kannst du nicht nur radieren, sondern auch stempeln. Sowohl Kautschuk- als auch Kunststoffradierer eignen sich dafür. Am besten legst du dir einen Vorrat an Radiergummis in verschiedenen Größen und Formen an. Mittlerweile gibt es übrigens in vielen Geschäften für Zeichen- und Hobbybedarf auch Stempelgummiplatten zu kaufen. Diese sind sogar noch etwas leichter zu bearbeiten als Radiergummis. Achtung: Diese Technik ist nur für Kinder geeignet, die schon gut mit dem Cutter umgehen können!

MATERIAL FÜR DIE STEMPEL

Radiergummis in verschiedenen Größen und Formen (alternativ: Stempelgummi)
Schmierpapier
Butterbrotpapier
Weicher Bleistift
Cutter und Schneidematte
Schleifpapier
Stempelkissen

Weil sie ein kleines Format haben, eignen sich Radiergummistempel gut, um kleinere Flächen wie Etiketten, Anhänger, Geschenkbänder und Ähnliches zu bedrucken. Betrachte zunächst deine Radiergummisammlung und das Objekt, das du bedrucken willst. Ist ein einfaches geometrisches Muster das Richtige oder passt etwas Verspielteres besser? Das Motiv sollte auf jeden Fall nicht zu kleinteilig sein, damit es sich gut mit dem Cutter schneiden lässt. Am besten machst du ein paar Probezeichnungen auf Schmierpapier.

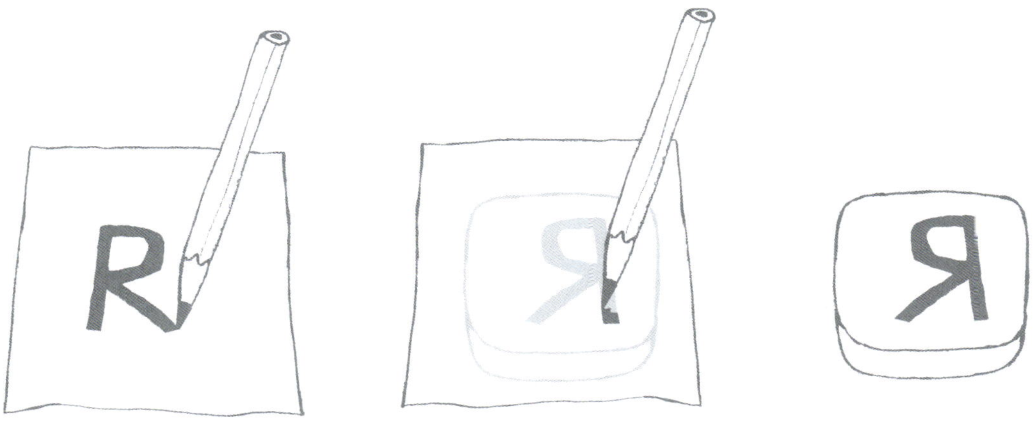

A **B** **C**

Wenn du dich für ein Motiv entschieden hast, zeichnest du es mit einem weichen Bleistift auf Butterbrotpapier (**A**). Dann wendest du das Papier und legst es auf den Radiergummi. Fahre alle durchscheinenden Linien mit dem Bleistift nach. Das Grafit der Bleistiftlinien überträgt sich durch das Nachfahren der Linien auf den Radiergummi (**B und C**). Der Vorteil an dieser Methode ist, dass dein Motiv später seitenrichtig gedruckt wird – also genauso wie von dir vorgezeichnet und nicht seitenverkehrt.

Nun beginnst du mit dem Schneiden. Das Radiergummistempeln ist ein Hochdruckverfahren. Das heißt, alle Formen, die hochstehen – also nicht weggeschnitten worden sind –, werden abgedruckt. Du solltest vorsichtig schneiden, denn schon ein falscher Schnitt kann ein Motiv zerstören. Um Formen zu runden oder zu glätten, kannst du Schleifpapier einsetzen. Gefällt dir dein Stempel? Mach einige Probedrucke, bevor er richtig zum Einsatz kommt.

Herzensangelegenheit

Geschenkband und -anhänger

MATERIAL

Radiergummistempel (siehe Seiten 36/37)
Breites Geschenkband aus Stoff
Geschenkanhänger aus Fotokarton
Stoffmalfarbe
Kartonrest oder Glasplatte
Farbwalze oder Schaumstoffwalze
Stempelkissen
Bügeleisen zum Fixieren

Wie du einen Radiergummistempel herstellst, erfährst du auf der vorigen Seite. Den Stempel drückst du fest auf das Stempelkissen in der gewünschten Farbe und anschließend auf den Geschenkanhänger.

Geschenkbänder aus Stoff lassen sich ebenfalls mit Stempelfarbe bedrucken. Du kannst aber auch Stoffmalfarbe verwenden: Gib etwas Stoffmalfarbe auf eine Glasplatte oder ein Stück Karton. Dann nimmst du mit der Schaumstoffwalze die Farbe auf und rollst sie über deinen Radiergummistempel. Oder du verteilst die Farbe gleichmäßig mit der Farbwalze und drückst den Stempel fest auf Glasplatte bzw. Karton, um die Farbe aufzunehmen. Den Stempel anschließend mit gleichmäßigem Druck auf das Geschenkband drücken. Die Stoffmalfarbe kannst du fixieren, indem du nach dem Trocknen kurz von der Rückseite über das Geschenkband bügelst.

Mit Liebe* geschenkt

* und viel Klebeband

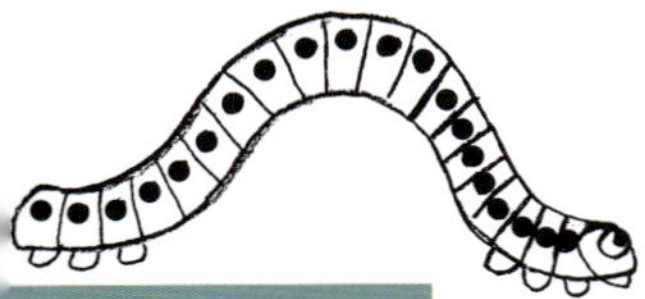

Moosgummi

Um Stempel herzustellen, ist Moosgummi wunderbar geeignet, denn es lässt sich sehr gut schneiden und einritzen. Für das Bestimmungsbuch auf den folgenden Seiten stellst du Stempel her, die im Hochdruckverfahren eingesetzt werden. Beim Hochdruck sind – wie der Name schon sagt – die Elemente, die gedruckt werden, höher als die Bereiche, die ausgespart bleiben.

MATERIAL FÜR DIE STEMPEL

Styropor, leicht zu bearbeitender Kunststoff oder Holzbauklötze

Cutter und Schneidematte, Nagel- oder Hautschere, Silhouettenschere

Moosgummiplatten, DIN A4

Klebstoff für Kunststoffe oder doppelseitiges Klebeband (Verlegeband)

Zahnstocher, Zirkel, Kugelschreiber ohne Mine, Kopierrad oder Ähnliches zum Einritzen

Du schneidest Styropor- oder Kunststoffklötzchen zu, deren Oberfläche 5 x 7 cm groß ist. Oder du nimmst Bauklötze in dieser Größe. Dann überträgst du die Kontur des Klötzchens auf das Moosgummi (**A**).

Dein Motiv (zum Beispiel ein Insekt oder ein Spinnentier) skizzierst du am besten zuerst auf Papier. Wenn du mit der Form zufrieden bist, überträgst du das Motiv auf das Moosgummi. Das Motiv sollte die markierte Moosgummifläche gut ausfüllen. Anschließend das Moosgummimotiv ausschneiden (**B**) und mit Kunststoffkleber oder doppelseitigem Klebeband auf den Druckstock (das Klötzchen) kleben (**C**). Details im Motivinneren wie Augen, Strukturen und Muster oder Körperlinien ritzt du in das Moosgummi ein. Das geht gut mit Zahnstochern, Zirkeln, Kugelschreibern ohne Mine und vielen anderen Dingen. Die eingeritzten Elemente bleiben im Druck ausgespart. Probier's aus! Sicher findest du noch weitere Materialien, mit denen du super ritzen kannst.

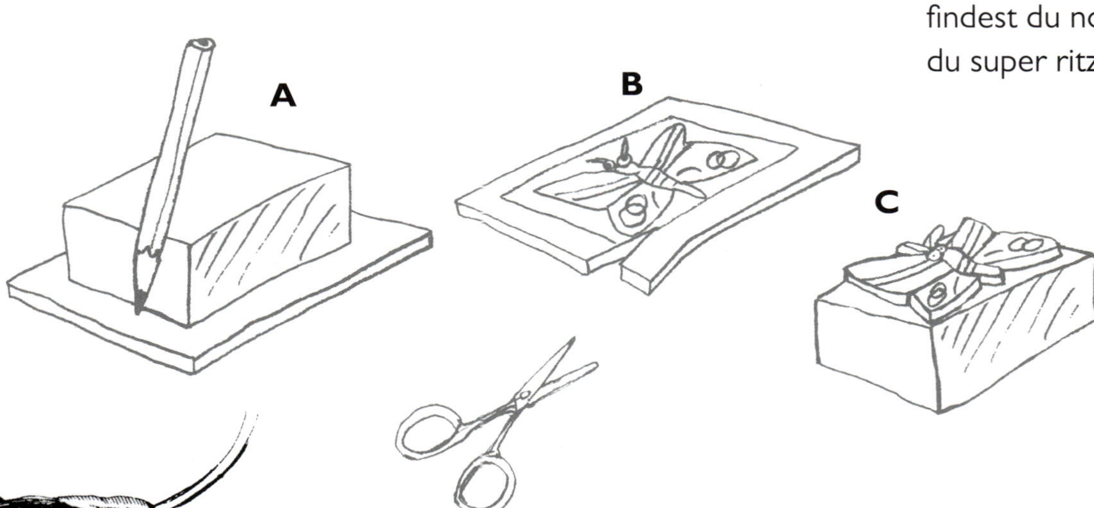

Cevap

Moosgummi

MATERIAL

Moosgummistempel (siehe Seite 40)
Tonpapier in verschiedenen Farben
Alte Zeitungen oder Zeitschriften, mindestens DIN A4
Pappkarton, DIN A4
Stempelkissen in verschiedenen Farben
Farbwalze, ca. 8 cm breit
Linoldruckfarbe auf Wasserbasis
Temperafarbe

◀ Insekten und Schnecken:
Rosa (12 Jahre)

Um Bezugspapier für den Einband eines Bestimmungsbuchs (siehe folgende Seiten) herzustellen, walzt du zuerst den Untergrund (farbiges Tonpapier, Zeitungspapier etc.) mit Farbe ein und lässt ihn gut trocknen. Danach stempelst du deine Insekten, Schnecken oder Spinnentiere in einer oder mehreren Farben auf. Wenn du dich für einen hellen Untergrund entschieden hast, stempelst du mit einer dunklen Farbe. Hast du einen dunklen Untergrund, solltest du die Tiere mit einer hellen Farbe aufdrucken. Du kannst Motiv an Motiv setzen (**A**), die Stempelmotive leicht übereinanderlegen (**B**) oder mit etwas Entfernung zueinander locker verteilt auf dem Untergrund platzieren (**C**).

A

B

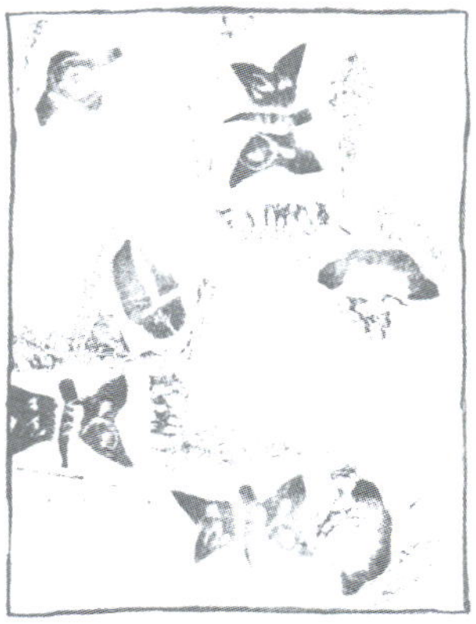

C

Insekten und Co.

Bestimmungsbuch

MATERIAL

2 Blatt Papier, DIN A3
2 Blatt mit Stempeldruck bedrucktes Papier, 17 x 12,9 cm (siehe Seite 43)
2 Pappen, je 14 x 9,9 cm
Gummiband
Schere oder Cutter und Schneidematte
Falzbein
Klebstoff oder Klebefilm
Bleistift

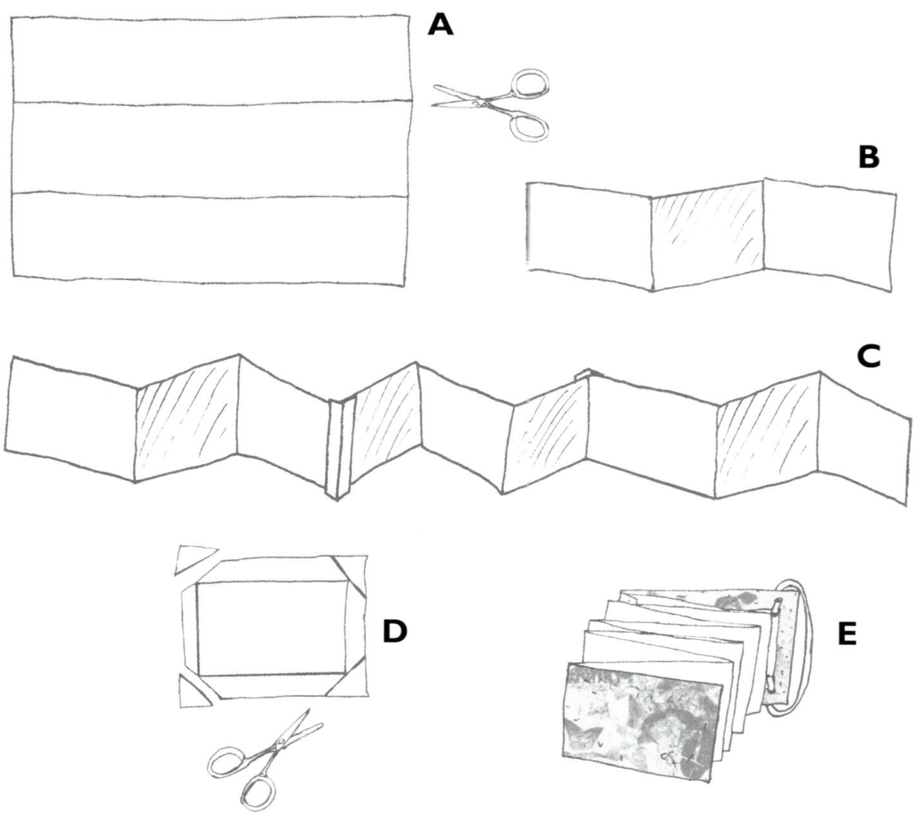

Aus den DIN-A3-Blättern schneidest du je drei Streifen von 9,9 cm Höhe zu (**A**). Die faltest du zweimal im Zickzack. Dafür im Abstand von 14 cm je eine Bleistiftmarkierung setzen und anschließend sauber mithilfe des Falzbeins falzen (**B**). Dann verbindest du alle drei Streifen mit Klebefilm oder schmalen Papierstreifen, die du mit Klebstoff zwischen die Streifenenden klebst (**C**).
Als Deckblätter verwendest du deine mit Stempeldruck verzierten Blätter (siehe Seiten 40–43). Du legst je eine Pappe so mittig auf die Blätter, dass sich an den Seiten ein Abstand von 1,5 cm ergibt. Die vier Ecken des Papiers schneidest du ab (**D**). Danach klappst du die beiden langen Ränder und einen kurzen nach innen und klebst sie an der Pappe fest. Der zweite kurze Rand dient dazu, das Deckblatt mit den Zickzackbögen zu verbinden.
Wenn du magst, kannst du ein Gummiband als Schließe verwenden: Dafür einfach die Enden des Gummibands innen am hinteren Deckblatt befestigen und das Buch mit dem Gummiband geschlossen halten (**E**).
Jetzt kannst du nach Lust und Laune weitere Insektenstempel zuschneiden und die Innenseiten deines Bestimmungsbuchs so gestalten, wie es dir gefällt.

AMEISEN!
BMEISEN!
CMEISEN!

Verpackungsmaterial und mehr

Es ist unglaublich, was sich alles zum Stempeln eignet! Wenn du euren Haushalt durchforstest, wirst du ganz bestimmt auf viele Materialien stoßen, die zu interessanten Stempelergebnissen führen. Hier eine kleine Auswahl: Luftpolsterfolie mit Noppen, Wellpappe, strukturierte Stoffe und Borten, Zwiebelnetze … Am besten legst du dir eine große Materialsammlung an.

MATERIAL FÜR DIE STEMPEL

Noppenfolie, Borten, Spitzen, strukturierte Stoffe, Wellpappe etc.
Bauklötze oder Styroporquader als Druckstöcke
Doppelseitiges Klebeband oder Klebstoff
Schere

Die Stempel werden so hergestellt, wie auf Seite 27 bei den Kreisstempeln bereits erklärt: Ein Quader aus Holz oder Styropor dient als Druckstock, der mit Noppenfolie, Stoff, Wellpappe, Spitze oder Ähnlichem beklebt wird. Zum Kleben verwendest du doppelseitiges Klebeband (Verlegeband) oder einen Klebstoff, der für Styropor geeignet ist. Fertige mithilfe der genannten Materialien viele Stempel in verschiedenen Größen an, mit denen du eine große Menge an unterschiedlichen Strukturen und Mustern erzeugen kannst.

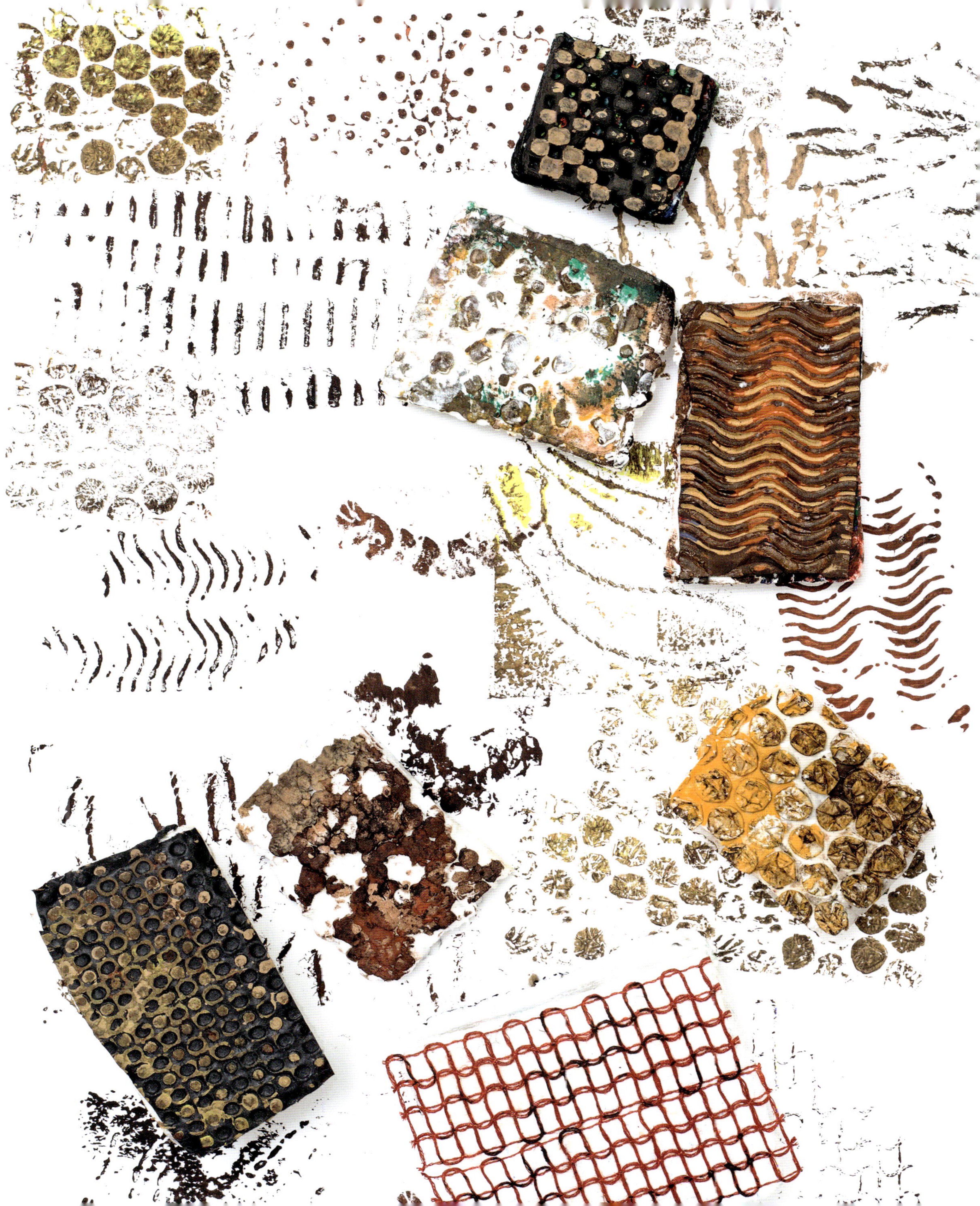

GEFÄHRLICH!!!

LÖWENMASKE

MATERIAL

Moosgummiplatte in Weiß, DIN A4
Moosgummiplatte in Orange, DIN A3
Materialstempel (siehe Seiten 46/47)
Papier
Kartonreste
Gummiband
Bleistift
Haushaltsschwamm
Acrylfarben
Farbwalze
Schere oder Cutter und Schneidematte
Lochzange
Musterklammern

Zuerst zeichnest du das Gesichtsfeld des Löwen auf Papier. Dabei hilft es, wenn du das Papier vor dein Gesicht hältst und eine andere Person darauf markiert, wo sich deine Augen und deine Nase befinden (**A**).
Wenn du mit deiner Grundform zufrieden bist, überträgst du sie auf das weiße Moosgummi. Dann schneidest du die Maske mit Schere oder Cutter aus (**B**). Dabei die Augenlöcher nicht vergessen und die Nase aussparen! Am besten setzt du deine Maske jetzt einmal auf und probierst aus, ob der Augenabstand richtig ist. Wenn nicht, vergrößerst du die Löcher noch etwas, bis du gut durchgucken kannst.
Nun wird das Gesicht grundiert. Dafür die Farbe (zum Beispiel einen Ockerton) auf einem Stück Karton auswalzen, mit dem Schwamm aufnehmen und auf das Gesicht tupfen. Die Bereiche um Augen und Schnauze bleiben zunächst weiß (**C**).

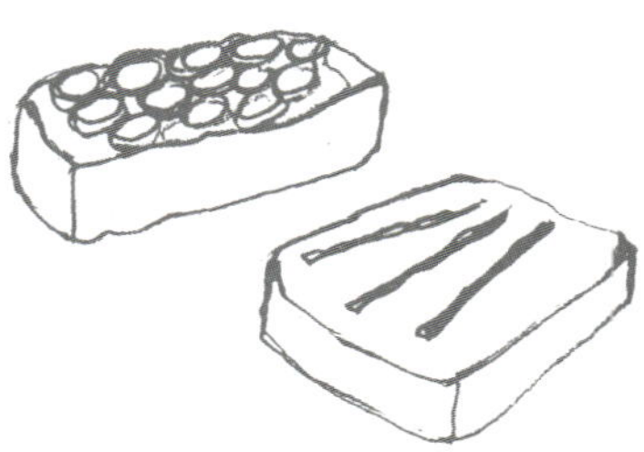

A
B
C
D
E
F
G

Verpackungsmaterial und mehr

Anschließend walzt du das orangefarbene Moosgummi mit hellbrauner Farbe ein (**D**). Nach dem Trocknen schneidest du aus diesem Moosgummi viele einzelne Streifen mit gezackten Enden für die Mähne zu (**E**).

Jetzt kommen die Materialstempel ins Spiel, die du so anfertigst, wie auf Seite 46 erklärt. Die Mähne strukturierst du mit einem Wellpappenstempel, mit dem du dunkelbraune Farbe aufdruckst. Für Schattierungen an Augen, Ohren und im Gesicht verwendest du einen Stempel aus Kordelstückchen oder weichem Verpackungsmaterial (**F**). Die Barthaare stempelst du mit einem Schnurstempel (siehe Seite 30).

Zum Schluss ein Gummiband rechts und links so befestigen, dass die Maske gut sitzt, und die Mähnenstreifen mit Musterklammern am Gesichtsfeld anbringen (**G**). Um die Löcher für die Klammern und das Gummiband zu stanzen, kannst du eine Lochzange einsetzen.

▲ Weitere Maskenvarianten: Erkennst du die Tiere?

GRRRHH!

Eine Seefahrt, die ist lustig,

eine Seefahrt, die ist schööööööön!

Verpackungsmaterial und mehr

AHOI!

PAPIERSCHIFF

MATERIAL
Materialstempel (siehe Seiten 46/47)
Papier, DIN A3
Linoldruckfarbe auf Wasserbasis
Farbwalze
Kartonrest oder Glasplatte
Farbloses Kerzenwachs

Das Schiff entsteht aus einem Blatt Papier im DIN-A3-Format. Seine Musterung erhält es durch den Stempeldruck mit Verpackungsmaterial (siehe Seiten 46/47). Du musst aber nicht das gesamte Blatt bedrucken, denn nur die in den beiden Zeichnungen (**A** = Vorderseite und **B** = Rückseite) markierten Bereiche werden später zu sehen sein. Am besten suchst du dir einen Materialstempel für die Vorderseite und zwei für die Rückseite aus und bedruckst das Papier in den markierten Bereichen. Achte darauf, dass sich die drei Stempelmuster deutlich unterscheiden. Wenn du magst, kannst du die markierten Bereiche zuerst mit Farbe einwalzen und anschließend mit den Materialstempeln bedrucken.

A

B

A

B

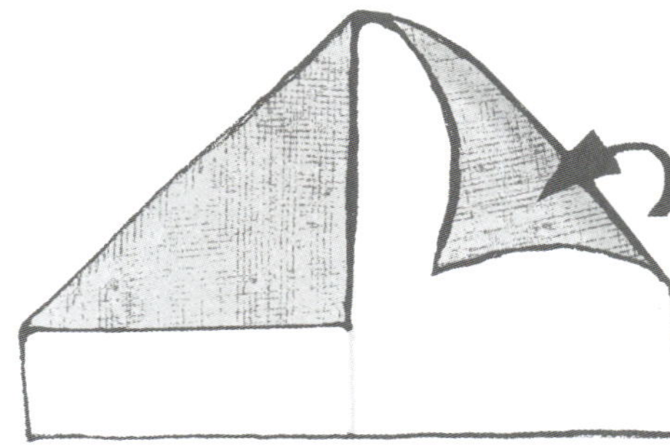

C

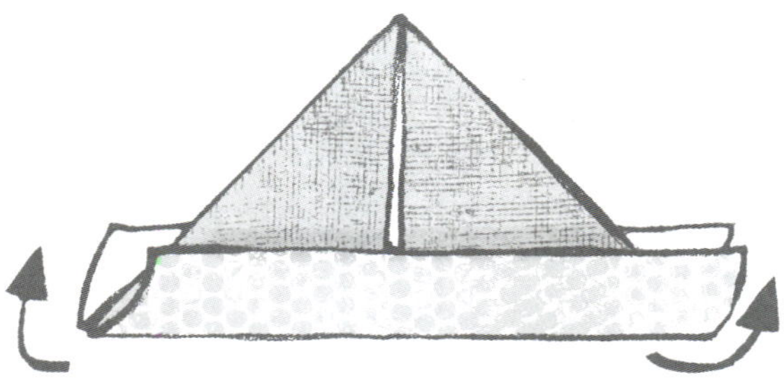

D

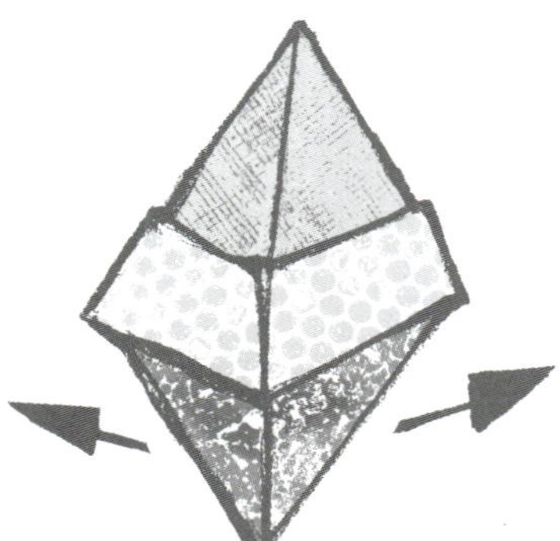

E

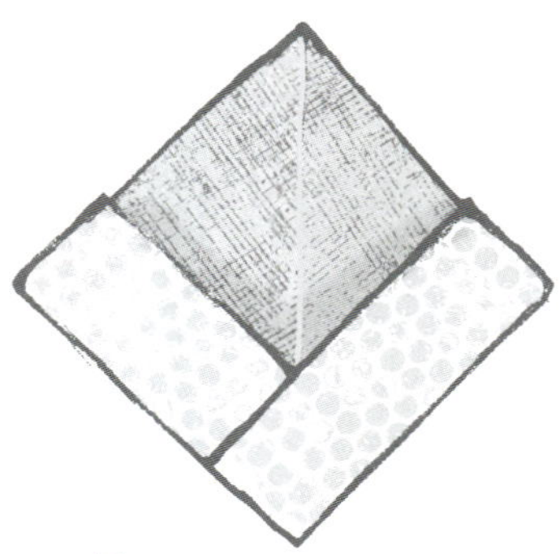

F

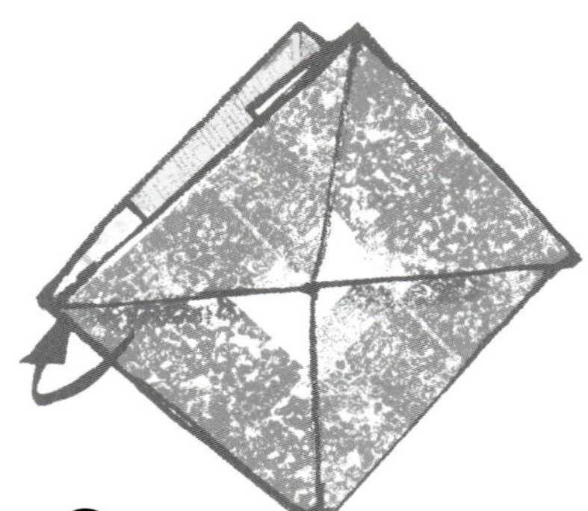

G

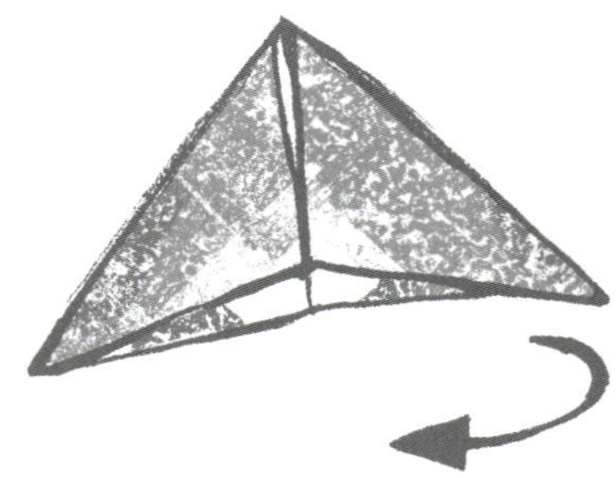

H

Verpackungsmaterial und mehr

Wenn die Farbe getrocknet ist, beginnt die Faltarbeit. Das Papier liegt mit der Rückseite nach oben im Hochformat vor dir (**A**) und du faltest die obere Hälfte auf die untere (**B**). Dann die beiden oberen Ecken zur Mitte falten (**C**). Die unteren Ränder auf der Vorder- und Rückseite jeweils nach oben klappen (**D**). Die überstehenden Ecken der Ränder so nach vorne bzw. hinten falten, dass sich ein Dreieck ergibt. Das Dreieck unten öffnen und die beiden Spitzen zusammenschieben (**E**), sodass ein auf die Spitze gestelltes Quadrat entsteht (**F**). Nun die beiden unteren Spitzen vorne und hinten nach oben klappen. Es ergibt sich wieder ein Dreieck (**G**). Dieses Dreieck erneut unten öffnen und die Spitzen zum Quadrat zusammenschieben (**H**). Die beiden seitlichen Dreiecke auseinanderziehen (**I**) und fertig ist das Papierschiff (**J**)!
Damit das Schiff Wasser abweisend wird, kannst du es zum Schluss mit farblosem Kerzenwachs einreiben.

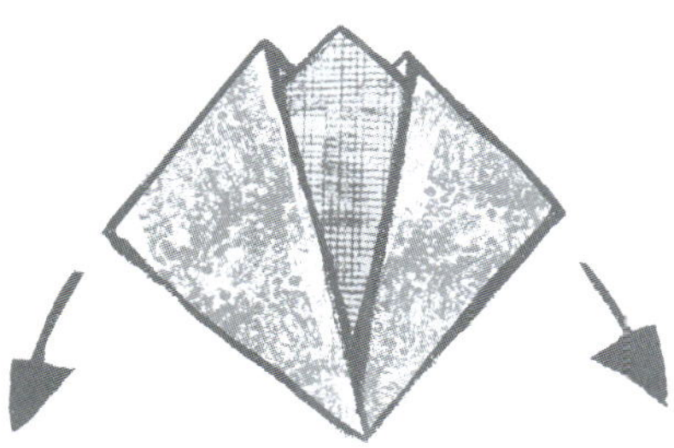

I

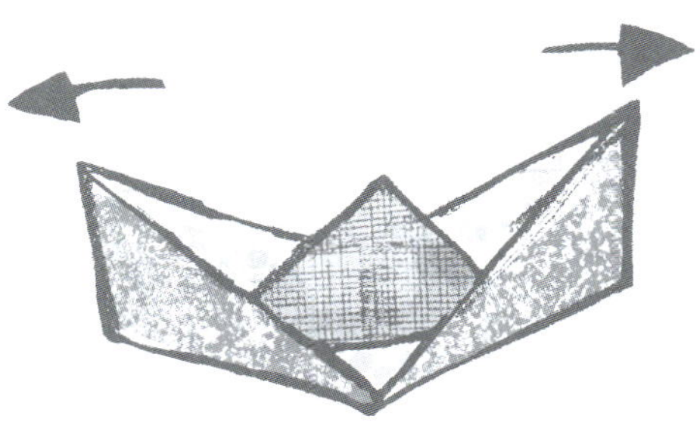

J

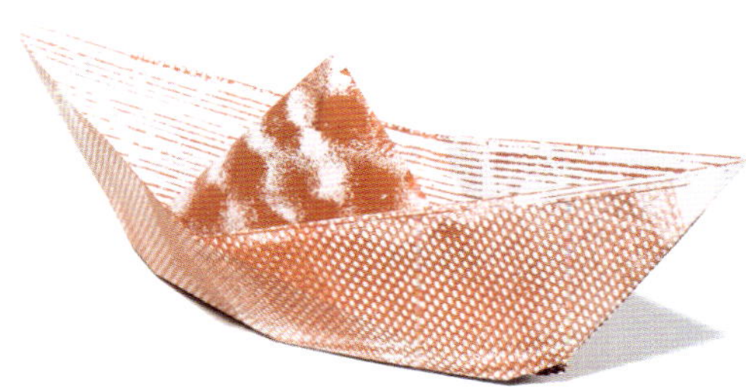

Nudelholz und Moosgummi

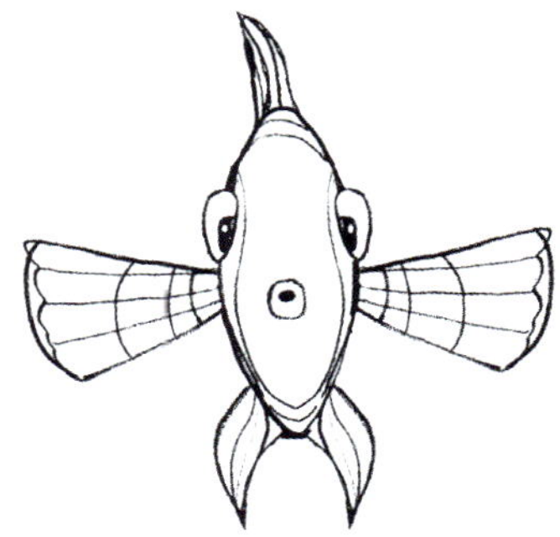

Willst du große Flächen mit einem Muster versehen, kommst du mit Stempeln nicht weit. Es dauert einfach schrecklich lange, bis die Fläche gefüllt ist. Wesentlich schneller geht das Bedrucken mit einer Walze. Für die Gestaltung von Geschenkpapieren ist der Walzendruck ideal.

MATERIAL FÜR DIE WALZE

Ausrangiertes Nudelholz aus Kunststoff
Doppelseitiges Klebeband (Verlegeband)
Moosgummi
Pappe
Bleistift
Stickschere oder Ähnliches

Druckwalzen lassen sich zum Beispiel aus Keks- oder Kaffeedosen herstellen. Allerdings ist es schwierig, solche Dosenwalzen zu führen und eine gerade Spur zu halten. Das klappt besser, wenn du links und rechts Griffe hast. Ein ausrangiertes Nudelholz ist für den Walzendruck wunderbar geeignet.

◀ Geschenkpapier:
Chiara (15 Jahre)

Überlege zunächst, wie dein Druckmotiv aussehen soll. Zeichne das Motiv auf die Pappe und schneide es als Schablone aus. Mithilfe dieser Schablone und eines Bleistifts überträgst du dein Motiv mehrmals auf das Moosgummi. Du brauchst so viele Moosgummimotive, wie du gleichmäßig verteilt auf dem Nudelholz unterbringen kannst. Dann schneidest du alle Formen mit einer kleinen, spitzen Schere aus.
Schneide Klebebandstücke zu, die so groß sind, dass dein Moosgummimotiv darauf Platz findet. Anschließend die Klebebandstücke mit Motiv auf das Nudelholz kleben. Schön sieht es zum Beispiel aus, wenn du die Motive jeweils versetzt in Reihen aufklebst. Sicher findest du noch andere hübsche Möglichkeiten, die Moosgummimotive auf der Walze zu arrangieren! Wie's mit dem Walzendruck weitergeht, steht auf der folgenden Seite.

PACKEND VERPACKT

GESCHENKPAPIER

MATERIAL

Moosgummi-Druckwalze (siehe Seite 57)
Packpapier
Linoldruckfarben auf Wasserbasis
Teller
Borstenpinsel
Schmierpapier

Wenn du deine Druckwalze so vorbereitet hast, wie auf der vorigen Seite erklärt, kann's losgehen. Du drückst etwas Farbe auf den Teller und rührst sie mit dem Pinsel ein wenig auf. Dann streichst du sie ebenfalls mit dem Pinsel satt auf alle Moosgummimotive auf deiner Walze. Du kannst die Motive auch mit unterschiedlichen Farben einfärben. Besteht dein Motiv aus deutlich voneinander abgesetzten Teilen, können diese ebenfalls verschiedene Farben erhalten. Ist jedes Motiv satt eingefärbt, setzt du deine Walze am Papierrand an und rollst langsam über das Papier. Am besten probierst du das Walzen erst einmal auf Schmierpapier aus, bevor du das Packpapier einsetzt.
Sobald die Farbe blasser wird, die Walze absetzen und Farbe nachlegen. Walze weitere Motivreihen, bis das Packpapier vollständig bedruckt ist.

Geschenkpapiere: ▶
Theresa (7 Jahre),
Marlene (8 Jahre) und
Chiara (15 Jahre)

Wenn ich bedenke –
oh diese Geschenke!!!
Und mir verrenke meine Fingergelenke …

SCHABLONIEREN

Stickkarton

Kennst du Stickkarton? Das ist ein gleichmäßig vorgelochter Karton, der zum Besticken gedacht ist und sich für erste Stickübungen als Untergrund bestens eignet. Er lässt sich aber – ebenso wie Dekolochband, Lochbleche oder Abflusssiebe – auch als Schablone verwenden.

MATERIAL

Stickkarton und/oder Dekolochband
Paketband in Braun, Schere
Acryl- oder Temperafarben
Kartonrest, Pinsel
Haushaltsschwamm
Farbige Papiere

Das Bild, das mithilfe dieser Schablone entsteht, setzt sich nur aus Punkten zusammen. Die Schablonenherstellung ist ganz leicht: Du wählst ein einfaches Motiv mit einer klaren Kontur aus. Das kann eine Wolke, ein Herz oder ein Stern sein. Eine Auswahl an geeigneten Motiven siehst du hier:

Auf deinem Stickkarton oder Dekolochband klebst du den gesamten Bereich außerhalb des von dir ausgewählten Motivs mit Paketband ab. Um die Farbe aufzutragen, kannst du einen Schwamm verwenden. Am besten schneidest du einen Haushaltsschwamm in handliche Stücke. Oder du arbeitest mit einem Stupfpinsel. Den kannst du dir auch selbst herstellen: Du nimmst einen runden Haarpinsel und schneidest die Pinselspitze mit der Schere gerade ab, sodass ein fester Block aus Pinselhaaren entsteht (siehe Seite 132).
Jetzt bist du startklar: Du legst deine Lochschablone auf ein farbiges Papier und gibst etwas Farbe auf den Kartonrest. Mit deinem Schwamm oder Stupfpinsel nimmst du Farbe auf und färbst nun alle Löcher deiner Schablone ein. Wenn du die Schablone abnimmst, erkennst du farbige Punkte, die zusammen dein Motiv bilden.

Geheim!

Aufbewahrungsbox

MATERIAL

Schuhkarton mit Deckel
Schablone aus Stickkarton und/oder Dekolochband (siehe Seite 62)
Acryl- oder Temperafarben
Haushaltsschwamm oder selbst gefertigter Stupfpinsel (siehe Seite 62)
Klebestift
Schere
Küchenpapier mit Lochmustermotiv
Farbwalze

Zuerst grundierst du die Außenseite von Karton und Deckel mit einer Farbe, um eventuell noch auf dem Karton vorhandene Preisschilder und Beschriftungen abzudecken. Vielleicht sind mehrere Anstriche nötig, bevor die Farbe richtig deckt. Anschließend gut trocknen lassen.
Nun geht's ans Schablonieren. Du wählst eine oder mehrere Schablonen aus Stickkarton und Dekolochband aus (siehe Seite 62) sowie eine oder mehrere Farben, die in einem deutlichen Kontrast zur Grundierung stehen. Dann versiehst du die gesamte Außenseite von Karton und Deckel mit deinen Lochmotiven. Du kannst die Motive eng nebeneinandersetzen oder locker und mit größeren Abständen auf der Fläche verteilen.
Das Innere des Kartons sieht schöner aus, wenn du es mit einem farbigen Papier beziehst. Hierfür kannst du auf ein Küchenpapier mit Lochmustermotiv zurückgreifen, das du mit der Walze in einer Kontrastfarbe einfärbst. Nach dem Trocknen der Farbe schneidest du das Küchenpapier in Streifen, die so groß sind wie die Innenseiten des Kartons. Bestreiche Kartonwände und -boden mit Klebestift, lege die Küchenpapierstreifen darüber und drücke sie sanft an Innenwände und Boden. Fertig ist deine Aufbewahrungsbox für ganz besondere Schätze!

MEIN SCHATZ
KEIN SCHATZ???
DEIN SCHATZ

Tortenspitze und Zierdeckchen

Wenn du die Augen offen hältst, entdeckst du in deiner Umgebung bestimmt viele Dinge, die sich als Schablonen eignen. Dekolochbänder und Stickkartons ergeben zum Beispiel sehr klare Strukturen (siehe Seite 62). Steht dir der Sinn aber nach einem Blumenmuster, kannst du auf Borten und Spitzen zurückgreifen. Eine super Alternative zu Häkelborten und Klöppelspitzen aus Garn und Stoff sind Tortenspitzen aus gestanztem Papier, die man zur Dekoration und zum Anrichten von Kuchen und Torten verwendet. Gut geeignet sind außerdem Zierspitzen aus Kunststoff. Man kann sie abwaschen und unbegrenzt wiederverwenden.

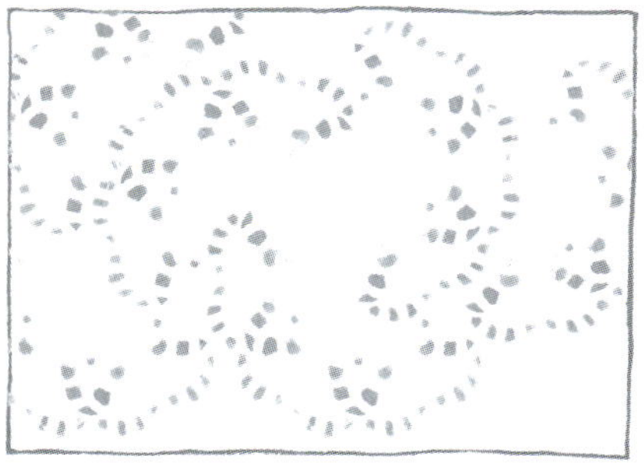

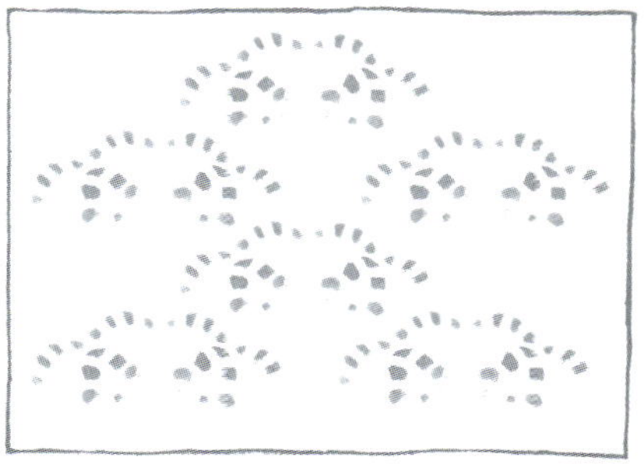

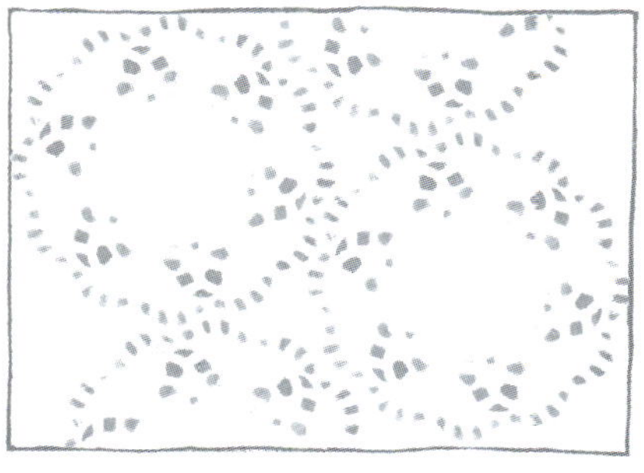

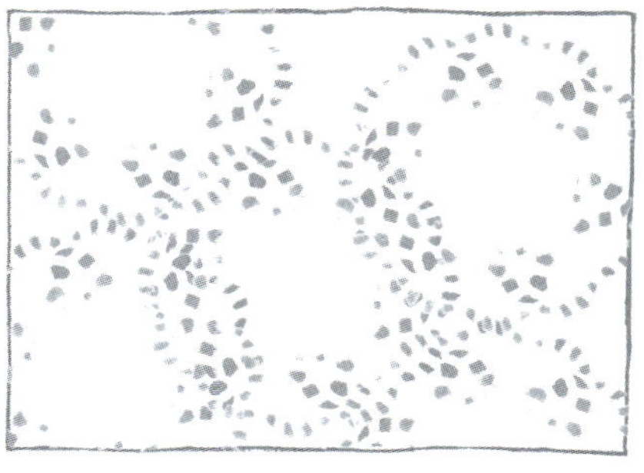

Weil Kuchen und Torten meistens rund sind, haben Tortenspitzen oft eine kreisförmige Grundform mit einem gestanzten Rand. Man findet aber auch eckige Tortenspitzen. Je größer dein Vorrat an verschiedenen Spitzen, desto besser.

Bevor du mit dem Schablonieren beginnst, solltest du überlegen, wie du die Spitze einsetzen willst. Du kannst die ganze Spitze auf den Untergrund auflegen und die Lücken am gestanzten Rand mit Farbe ausfüllen. So erhältst du beispielsweise einen Blütenkreis. Außerdem hast du die Möglichkeit, mit Halb- oder Viertelkreisen zu experimentieren. Schön wirkt es auch, wenn sich die Kreise überschneiden.

Hast du dich für eine Variante entschieden, platzierst du die Spitze(n) auf dem Untergrund. Schneide einen Haushaltsschwamm in handliche Quadrate. Dann nimmst du mit dem Schwamm Farbe auf und stupfst sie vorsichtig über die Schablone, um die Lücken mit Farbe zu füllen. Achte darauf, dass deine Schablonen nicht verrutschen. Eventuell kannst du sie mit einem wiederablösbaren Klebeband oder mit Stecknadeln fixieren. Sind alle Lücken gut mit Farbe gefüllt, die Tortenspitze vorsichtig abheben.

Tortenspitze und Zierdeckchen

SHOPPINGQUEENS

STOFFTASCHE

MATERIAL

Stofftasche ohne Aufdruck
Stoffmalfarbe
Tortenspitze
Haushaltsschwamm
Teller
Filzstück oder Pappe in Taschengröße
Butterbrotpapier
Stift
Schere
Bügeleisen zum Fixieren

Auf den vorigen Seiten wird erklärt, wie du mit Schablonen aus Tortenspitze umgehst. Lege ein Stück Pappe oder Filz in deine Stofftasche, um zu verhindern, dass sich Farbe auf die Rückseite durchdrückt. Wenn du die passende Schablonenanordnung gefunden hast, kann's losgehen:
Du gibst etwas Stoffmalfarbe auf einen Teller und nimmst sie mit dem Schwamm auf. Stupfe sie vorsichtig in die Lücken der Tortenspitze. Je konzentrierter du arbeitest, desto klarer wird sich das Muster später auf der Tasche abzeichnen. Hast du alle Lücken mit Farbe gefüllt, kannst du die Tortenspitze(n) vorsichtig abheben. Warte eine Zeit lang, bis die Farbe trocken ist. Du kannst auch mit dem Föhn nachhelfen.

Dann drehst du die Tasche um und schablonierst die Rückseite. Behalte die Schablonenanordnung der Vorderseite bei oder schabloniere ein anderes Muster. Denke unbedingt daran, das Filz- oder Kartonstück wieder in die Tasche einzulegen, um die schon fertig schablonierte Vorderseite zu schützen.
Sind auch alle Schablonenlücken auf der Taschenrückseite mit Farbe gefüllt, die Tortenspitze(n) abheben und die Farbe trocknen lassen. Wenn du magst, schablonierst du jetzt noch deinen Namen auf die Tasche. Dafür den Namen auf Butterbrotpapier schreiben, die Buchstaben herausschneiden, das Papier auf die Tasche auflegen und die Ausschnitte mit Farbe füllen. Beim Herstellen der Buchstabenschablone aus Butterbrotpapier kannst du dich an der Anleitung von Seite 70 orientieren.
Zum Fixieren der Farbe die Tasche von links bügeln.

Taschen: ▶
Elisa (6 Jahre),
Sala (7 Jahre) und
Julian (8 Jahre)

AUF SCHNÄPPCHENJAGD

Papierschablone

Du findest keine Schablonen, die dir gefallen? Kein Problem – du kannst sie selbst nach deinen Entwürfen herstellen! Im Fachhandel gibt es Schablonenfolie für die Profis. Aber auch aus Papier lassen sich Schablonen zuschneiden. Das ist gar nicht schwierig, wenn du die Sache mit den Stegen beachtest …

MATERIAL

Notizblock
Skalpell oder Cutter und Schneidematte, Nagelschere oder Silhouettenschere
Bleistift
Selbst gefertigter Stupfpinsel (siehe Seite 62) oder Schwamm
Acryl- oder Temperafarben

Du zeichnest dein Motiv auf einen Notizblockzettel oder ein beliebiges Papier. Wenn dein Motiv keine Innenformen hat (wie hier Hai, Tintenfisch, Igel, Herz, Einhorn, Apfel, Sonne, Mond oder Stern), ist alles Weitere ziemlich einfach. Soll aber innen eine Fläche ausgespart bleiben, musst du einen Trick anwenden: Du musst Stege stehen lassen, die den inneren Bereich (der nicht ausgeschnitten wird, weil später keine Farbe dorthin gelangen soll) mit dem Papier außerhalb des Motivs verbinden. Am besten probierst du das Ganze anhand von Buchstaben einmal aus: Lässt du bei den Buchstaben A, B, D, O, P, Q und R keine Stege stehen, haben die Innenformen nach dem Ausschneiden der Buchstaben keinen Halt und das Papier fällt heraus. Mit Stegen passiert das nicht.
Das Problem stellt sich nicht nur bei Buchstaben. Auch an den Vorlagen für die Blüten- und Katzenschablone siehst du, wie du Stege sinnvoll einsetzen kannst:

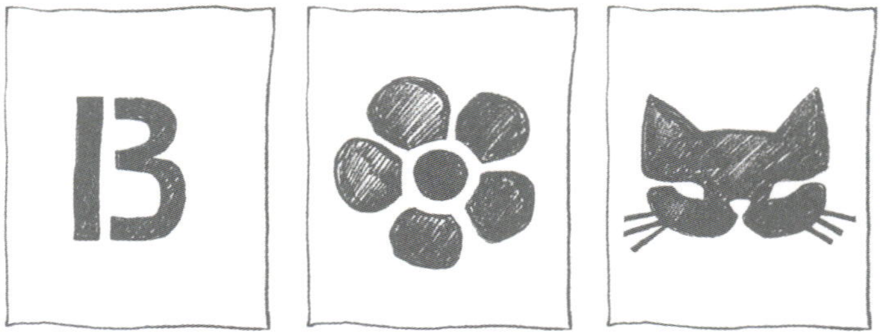

Bist du mit deiner Schablone zufrieden? Dann lege sie auf ein weiteres Blatt Papier und stupfe mit dem Pinsel oder Schwamm Farbe auf. Hebe die Schablone vorsichtig ab und bewundere das Ergebnis!

Tipp: Papierschablonen halten länger, wenn du sie vor dem ersten Schablonieren mit Öl einstreichst.

Anna
love
Anna
love

Zündende Idee

Teelichtglas

MATERIAL

Selbst gefertigte Schablonen
(siehe Seiten 70/71)
Sauberes Marmeladenglas oder Ähnliches
Transparente Glasmalfarben
Stupfpinsel oder Flachpinsel
Acrylfarbe in Schwarz
Teelicht

Für dieses Projekt brauchst du ein leeres Marmeladenglas oder ein Glas für eingelegtes Obst bzw. Gemüse. Säubere und trockne das Glas sorgfältig. Dann malst du es außen rundum mit Glasmalfarben an.

Wenn die Farbe gut getrocknet ist, legst du deine Schablonen auf. Du kannst natürlich ein Motiv auch mehrfach wiederholen, also eine Schablone mehrmals einsetzen. Mit einem Stupf- oder Flachpinsel füllst du die Schablonenausschnitte mit schwarzer Acrylfarbe. Nach dem Trocknen stellst du ein Teelicht ins Glas und zündest es an. Das Licht schimmert durch die transparenten Glasmalfarben hindurch. Die Schablonenmotive heben sich gut ab, weil die schwarze Acrylfarbe nicht lichtdurchlässig ist.

Teelichtgläser: ▶
Carlos (9 Jahre),
Greta (10 Jahre),
Daniel, Marvin und
Malte (11 Jahre),
Saskia (12 Jahre) und
Kristin (14 Jahre)

HERZIG!

Spritztechnik

Die Spritztechnik ist ähnlich wie der Siebdruck ein Durchdruckverfahren (siehe Seite 134). Das heißt, die Farbe wird curch ein Sieb hindurchgedrückt. Dort, wo keine Farbe hingelangen soll, wird das Papier durch eine Schablone geschützt.

MATERIAL

Flaches Spritzsieb
Alte Zahnbürste
Wasserfarben
Borstenpinsel
Papier
Küchenpapier

Als Schablonen für die Spritztechnik kann alles Mögliche dienen: Verpackungsmaterial wie verschiedene Verschlüsse, in Wald oder Park gesammelte Blätter … Hier sind es aus Papier und Tonkarton ausgeschnittene Formen.

Ordne deine Schablonen so auf dem Papier an, wie es dir gefällt. Dann rührst du mit einem Borstenpinsel eine Farbe auf und verdünnst sie mit Wasser. Tauche die Zahnbürste in die verdünnte Wasserfarbe.

Jetzt hältst du das Spritzsieb an der Stelle über das Papier, die mit der jeweiligen Farbe eingefärbt werden soll, und reibst kräftig mit der Zahnbürste über das Sieb. Achte darauf, dass sich nirgendwo auf deinem Sieb oder zwischen den Borsten der Zahnbürste zu viel Farbe sammelt. Denn das kann dazu führen, dass unschöne Tropfen auf dein Bild fallen. Mit Küchenpapier kannst du Sieb und Zahnbürste zwischendurch säubern.

Schön sieht es aus, wenn du mit vielen verschiedenen Farben arbeitest. Entferne nach und nach die Schablonen vom Papier und fülle die weißen Flächen mit Farbspritzern. Natürlich kannst du einige Schablonen auch erst zum Schluss abheben, sodass die Flächen weiß bleiben. Nutze die Tatsache aus, dass sich verschiedene Farben im Auge des Betrachters mischen. Wenn du eine Fläche zum Beispiel mit gelben und blauen Spritzern füllst, wirkt sie grünlich.

SPRITZIG

LANDSCHAFT

MATERIAL
Flaches Spritzsieb
Alte Zahnbürste
Wasserfarben
Borstenpinsel
Tonkarton
Schere
Papier
Stecknadeln oder
wiederablösbares Klebeband
Küchenpapier

Aus dem Tonkarton schneidest du deine Bildmotive aus und ordnest sie so auf dem Papier an, wie es dir gefällt. Am besten steckst du die Schablonen mit Stecknadeln fest oder klebst sie mit wiederablösbarem Klebeband an, damit sie nicht verrutschen. Nun kannst du mit der Spritztechnik beginnen. Wie du die Farbe mit Zahnbürste und Sieb auf das Bild spritzt, wird auf Seite 74 erklärt. Nimm die Schablonen nach und nach ab und fülle die Flächen mit unterschiedlichen Farben.

ENTE GUT, ALLES GUT

See mit Fernsehturm: Charlotte (9 Jahre) ▶

FROTTAGE

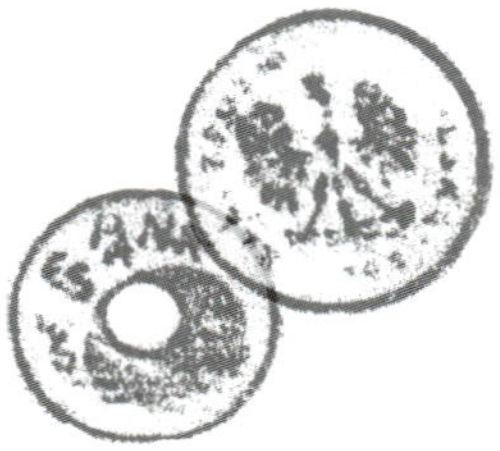

Fundmaterialien

Frottage kommt aus dem Französischen und bedeutet „Reiben“: Indem du Papier auf einen Gegenstand legst und mit Wachsmalkreide, Kohle oder einem Bleistift darüberreibst, kannst du Oberflächenstrukturen von Materialien und Stoffen auf Papier übertragen. Der Künstler Max Ernst hat diese Technik für die bildende Kunst wiederentdeckt und weiterentwickelt.

MATERIAL

Verschiedene Papiere (weißes und farbiges Kopierpapier, Seidenpapier)
Wachsmalkreide in Blöcken
Fundmaterialien mit interessanten Strukturen (Wabenkarton, Stramin, Spitzendecken aus Kunststoff, Lochkarton, leere Feuerwerksbatterie, Münzen, Schlüssel, Zwirnscheiben etc.)

Du legst ein Blatt Papier über eine interessant strukturierte Oberfläche und reibst mit der Wachsmalkreide darüber. Teste, wie das Ergebnis ausfällt, wenn du mehr oder weniger Druck ausübst. Verwende unterschiedliche Papiere und probiere aus, bei welchem Papier sich die Struktur am besten abzeichnet. Kombiniere im nächsten Schritt verschiedene Oberflächenstrukturen miteinander.
Bei schönem Wetter hast du auch die Möglichkeit, nach draußen zu gehen und zum Beispiel Straßenpflaster (siehe Seite 83), Asphalt, den Putz von Häuserfassaden, Baumrinde und Ähnliches abzureiben. Lege dir eine kleine Frottagesammlung wie auf Seite 82 an!

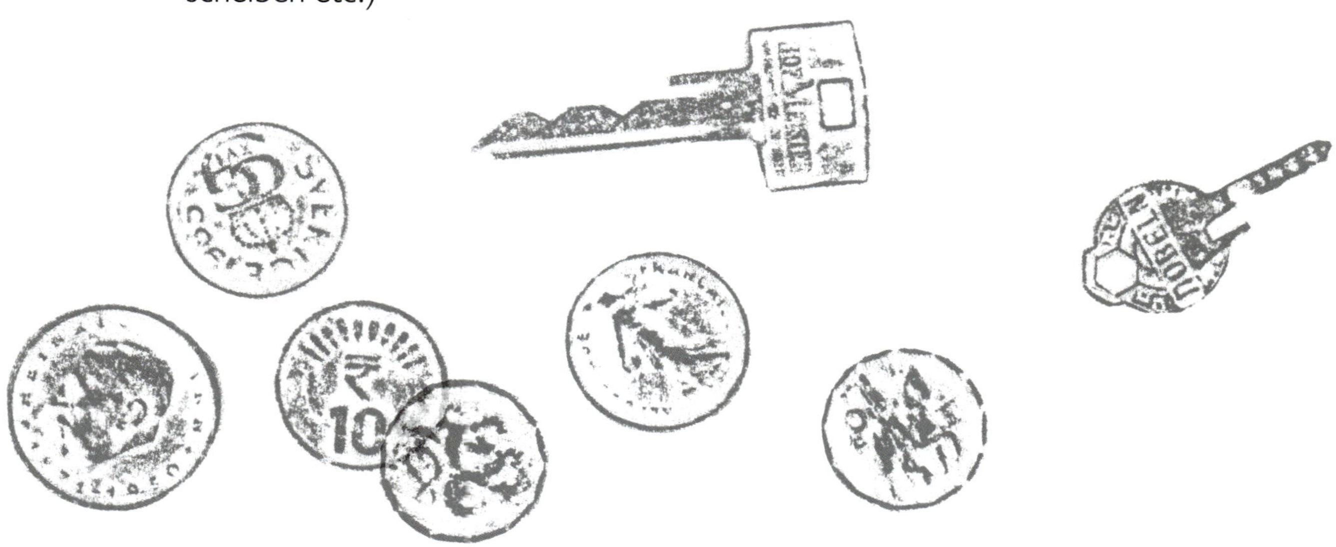

Fundmaterialien

Animalisch

Tierleporello

MATERIAL

Frottagematerial (siehe Seite 80)
Wachsmalkreide in Blöcken
Farbiges Papier
Pappe
Paketband in Braun
Klebestift
Falzbein

Hier werden Frottagen genutzt, um Felle und Federn im Bild zu erzeugen. Überlege dir, welche der Strukturen aus deiner Frottagesammlung (siehe Seiten 80–83) zum Fell oder Federkleid eines Tieres passen könnte. Suche weitere Frottagematerialien, die du für die Gestaltung von Augen, Beinen, Flügeln, Fühlern, Schnäbeln oder Schnauzen verwenden kannst. Hast du einen Plan? Gut, dann kannst du die Umrisse deines Tieres grob festlegen und mit der Frottage beginnen. Nutze verschiedene Farben und ergänze Konturen oder andere Bildelemente, wo nötig. Wenn du drei oder mehr Tiere auf diese Weise gezeichnet hast, kannst du die Bilder anschließend zu einem Leporello verbinden. Du schneidest gleich große Pappen zu – eine für jedes Tier. Die Ränder werden mit Paketband abgeklebt, damit man die Innenstruktur der Pappe nicht mehr sieht. Ordne die Pappen aufrecht stehend im Zickzack an und verbinde sie mit Paketband. Zum Schluss klebst du deine Tierbilder mit Klebestift auf und drückst sie mit dem Falzbein fest an. Fertig!

SSSIP!

Piratenfluch

Schatzkarte

MATERIAL

Seidenpapier in Weiß von der Rolle
Wachsmalkreide in Blöcken
Frottagematerial (siehe Seite 80)

Auf vielen Landkarten wird die Beschaffenheit der Erdoberfläche angedeutet, das heißt, man kann Gebirge, Ebenen, Flüsse und Ähnliches erkennen. Solche Strukturen einer sogenannten physischen Karte lassen sich mit Frottage besonders gut nachahmen.

Du reißt ein langes Stück von der Seidenpapierrolle ab (ungefähr dreimal so lang wie die Rollenbreite). Dann beginnst du mit dem Abreiben. Mit welchen Materialien lassen sich Berge oder Täler der Schatzinsel darstellen? Wie könnte man einen Wald andeuten? Findest du Frottagematerialien, die irgendwie geheimnisvoll aussehen und einen Hinweis auf den vergrabenen Schatz geben könnten? Denke daran, dass eine Insel Buchten und Landzungen hat; der Inselumriss ist also unruhig und zerklüftet. Am besten suchst du für die Außenkante eine markante einheitliche Struktur aus, die das Inselinnere grafisch schön zusammenhält. Wenn du willst, kannst du am Kartenrand eine Windrose andeuten. So wirkt deine Schatzkarte noch sehr viel echter.

Fünfzehn Mann auf des toten Manns Kiste,

Johoooooooooh

... und 'ne Buddel voll

Karton

Die Frottage wird meistens eingesetzt, um außergewöhnlich strukturierte Oberflächen abzubilden, wie die von gemasertem Holz, rauem Gestein oder grobem Stoff. Doch auch Karton kannst du für die Frottage nutzen. Eine wichtige Rolle spielen hierbei die Kanten des Kartons. Denn die heben sich beim Abreiben mit Bleistift oder Wachsmalstiften deutlich ab. Je mehr Kanten dein Motiv hat, desto interessanter wird das Frottageergebnis. Das heißt, als Motive bieten sich solche Formen an, die nicht nur interessante Außenkanten haben, sondern auch Ausschnitte im Motivinneren aufweisen.

Du brauchst ein Stück Karton in der Größe deines Papiers sowie weitere Stücke, aus denen du die Motive ausschneidest. Der Karton sollte nicht zu dünn sein, damit sich die Kanten später deutlich vom Untergrund abheben.

Wenn du entschieden hast, wie dein Bild aussehen soll, zeichnest du die einzelnen Motive mit Bleistift auf Karton auf. Du schneidest sie mit einer spitzen Schere oder dem Cutter aus. Denke daran, auch im Motivinneren Elemente herauszuschneiden.

Dann platzierst du alle Motive so auf dem Karton in Papiergröße, wie es dir gefällt. Am besten klebst du die Bildelemente mit Klebestift auf dem Untergrund fest, damit sie nicht mehr verrutschen.

Lege ein Blatt Papier darauf und halte es gut fest oder befestige es mit wiederablösbarem Klebeband am Karton.

Jetzt hast du alles vorbereitet und kannst mit der Frottage beginnen. Du streichst mit einem Wachsmalstift oder einem weichen Bleistift, den

◀ Frottage
mit Wachsmalkreide

du fast waagerecht hältst, über das Bild. Wie von Zauberhand erscheinen die Kartonformen auf dem Papier. Die Umrisse und Ausschnitte im Motivinneren zeichnen sich deutlich ab. Die Kartonfrottage klappt auch mit der Farbwalze: Du gibst Linoldruckfarbe auf eine Glasplatte oder einen Kartonrest und rollst so lange mit der Walze darüber, bis sich die Farbe auf der Walze verteilt hat. Anschließend die Walze unbedingt ein paarmal über eine alte Zeitung oder ein Schmierpapier rollen, bis sich nur noch wenig Farbe auf der Walze befindet. Wenn du nun über das Blatt Papier rollst, unter dem die Kartonmotive liegen, erscheinen die Formen auf dem Papier.

▲ Frottage mit der Farbwalze über Wellpappe

◀ Frottage mit der Farbwalze

Burgenland

Bild in fünf Farben

MATERIAL
Fester Karton in Papiergröße
Fester Karton für die Motive
Spitze Schere
Cutter
Schneidematte
Klebestift
Papier
Wiederablösbares Klebeband
Linoldruckfarben auf Wasserbasis
Glasplatte oder Kartonrest
Farbwalze
Alte Zeitung

Gebäude eignen sich gut als Motive für eine Kartonfrottage, denn verschieden geformte Fassaden und die Ausschnitte der Fenster und Türen machen das Bild interessant. Probier doch mal aus, eine Burg mit mittelalterlichen Zinnen und spitzbogigen Fenstern auszuschneiden! Hast du deine Bildmotive gefunden und so arrangiert, wie es dir gefällt, machst du weiter, wie auf Seite 89 für die Kartonfrottage mit der Farbwalze beschrieben. Ist eine Frottage fertiggestellt, säuberst du Farbwalze und Glasplatte und beginnst von Neuem mit einer anderen Farbe. Ist es nicht verblüffend, wie unterschiedlich dasselbe Motiv in verschiedenen Farben wirkt?

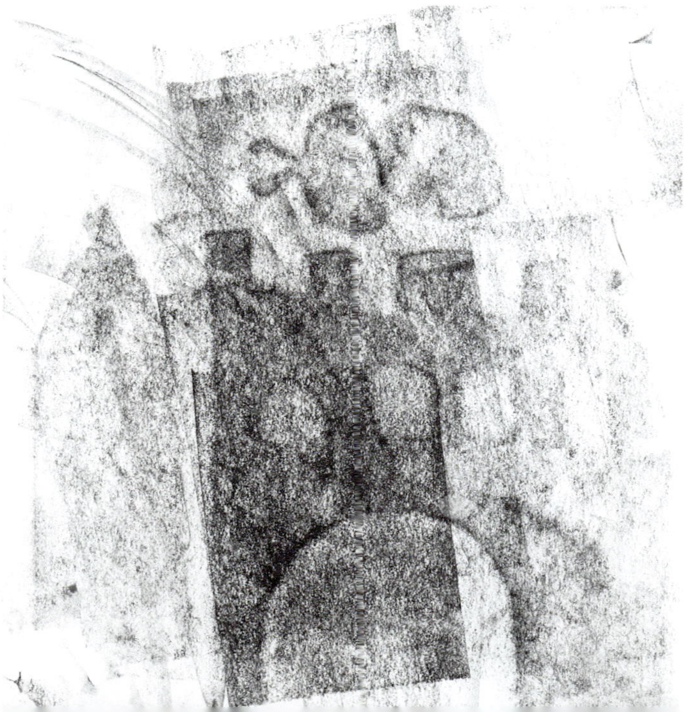

◀ Burg und Schmetterling in fünf Farben: ▶ Marlene (6 Jahre)

Ich kann mich gar nicht entscheiden, ist alles so schön bunt hier!

SONSTIGE DRUCKTECHNIKEN

Monotypie

Monotypie bedeutet Einmaldruck, denn hier wird von einer eingefärbten Platte ein einmaliger Abdruck hergestellt. Es ist nicht möglich wie sonst beim Drucken, mehrere gleiche Abdrucke zu erzeugen. Die Platte hat bei der Monotypie eine ähnliche Funktion wie ein Pauspapier.

MATERIAL

Platte mit glatter Oberfläche (Glas aus einem Bilderrahmen, Kunststoff-, Linoleum- oder Metallplatte)
Bleistift oder Kugelschreiber
Linoldruckfarbe auf Wasserbasis
Dünnes Papier (Seidenpapier etc.), etwas größer als die Platte
Farbwalze
Alte Zeitung als Unterlage

Zuerst rollst du die Platte gleichmäßig (nicht zu dünn, aber auch nicht zu dick) mit Farbe ein. Dann legst du das Papier über die Platte. Ab diesem Zeitpunkt musst du gut aufpassen: Überall dort, wo Druck auf das Papier ausgeübt wird, nimmt es von unten die Farbe der Platte an. Jede noch so leichte Berührung führt dazu, dass Farbe auf das Papier übertragen wird. Also keinesfalls die Hand auf dem Papier abstützen oder den Stift dort ablegen!
Mit einem Bleistift, einem Kugelschreiber oder deinem Fingernagel zeichnest du nun auf dem Papier. Wenn du fertig bist, hebst du es vorsichtig ab und kannst deine Monotypie auf der Rückseite bestaunen. Die Linien sind farbig und die Zeichnung erscheint seitenverkehrt. Es ist immer wieder spannend zu sehen, wie viel und an welchen Stellen Farbe auf das Papier gelangt ist. Jede Monotypie ist eben einzigartig!
Nachdem du das Papier abgehoben hast, solltest du dir die Platte noch einmal ansehen. Du kannst ein Negativ deiner Monotypie erkennen. Gefällt es dir? Wenn ja, lege ein weiteres Papier auf die Platte und hebe es anschließend wieder vorsichtig ab. Du erhältst einen negativen Abdruck deiner Zeichnung, der nun wieder seitenrichtig ist.
Experimentiere mit den vielen Möglichkeiten, die dir diese Technik bietet. Zum Beispiel kannst du die Platte auch mit mehreren Farben einwalzen oder für eine Monotypie mehrere unterschiedlich gefärbte Platten nutzen. Beginne dabei jeweils mit der hellsten Farbe.

◀ Monotypie:
Elena (15 Jahre)

EINMALIG!

FAMILIENPORTRÄTS

MATERIAL

Platte mit glatter Oberfläche, ca. 11 x 15 cm
Bleistift oder Kugelschreiber
Dünnes Zeichenpapier
Kopien von Porträtfotos deiner Familienmitglieder in der Größe der Platte
Linoldruckfarben auf Wasserbasis
Farbwalze, Karton
Großes Stück Pappe als Arbeitsunterlage
Pappstreifen, Klebeband, Klebestift
Cutter und Schneidematte

Damit du immer weißt, wo sich die Platte unter deinem Papier befindet, baust du dir eine spezielle Arbeitsunterlage. Du platzierst deine Platte auf einer großen Pappe, legst einen Pappstreifen am unteren Rand quer darüber und befestigst den Streifen rechts und links mit Klebeband auf der Pappe. Mit gestrichelten Linien markierst du, wo die Platte seitlich und oben endet (**A**).
Dann rollst du die Platte mit Farbe ein und platzierst das Zeichenpapier auf der Platte. Die Markierungen zeigen dir, wo die Platte liegt, die vom Papier verdeckt wird. Auf das Papier legst du nun die Kopie der Fotografie mit dem Bild nach oben. Sie soll genau über der Platte liegen. Mit einem Bleistift, einem Kugelschreiber oder deinem Fingernagel ziehst du die wichtigsten Konturen nach und füllst eventuell noch einige Flächen mit Schraffuren. Anschließend hebst du Kopie und Papier vorsichtig ab und begutachtest das Ergebnis. Gefällt es dir? Dann suche dir eine neue Farbe aus und wiederhole alle Arbeitsschritte mit der Kopie des nächsten Porträtfotos.
Sind die Monotypien der Familienmitglieder fertiggestellt und getrocknet, klebst du sie jeweils mit Klebestift auf einen Karton, der etwas größer ist als das Papier. Damit sich die Bilder aufstellen lassen, fügst du hinten je einen Winkel an. Hierfür schneidest du ein schmales Trapez aus Karton aus, faltest es einmal in der Mitte und an den beiden Außenkanten (**B**) und klebst die Flächen rechts und links von der Mitte zusammen (**C**). Die beiden nach außen gerichteten Ränder werden auf die Rückseite der Monotypie geklebt und halten das Bild aufrecht (**D**).

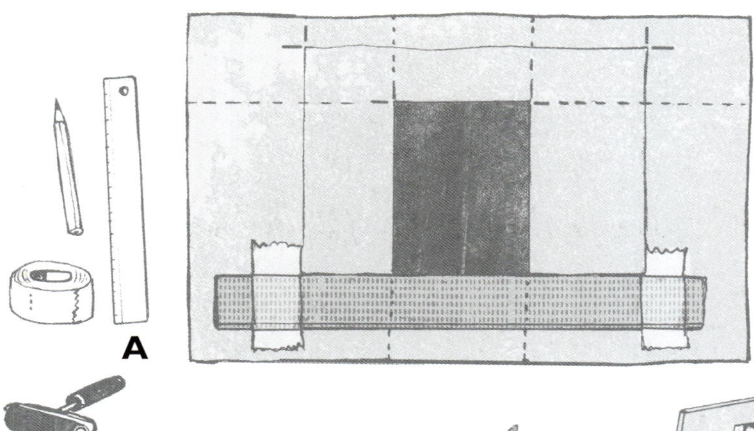

A

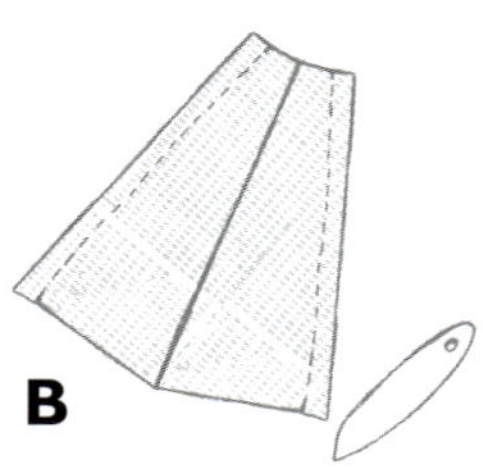

B

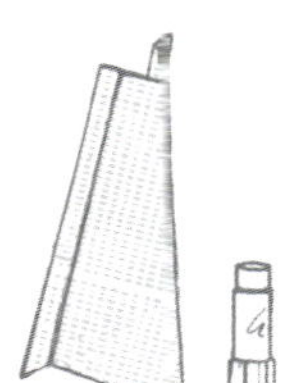

C

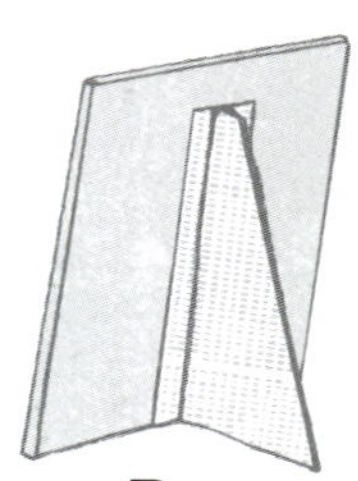

D

Jetzt mal ehrlich, wer hat das letzte Stück von MEINEM Kuchen gegessen?
Es GAB Kuchen???
MINKA war es!
Ich mache gerade eine DIÄT...

Monotypie mit Strukturen

Mit der Technik der Monotypie kannst du auch tolle Strukturen erzeugen. Als Hilfsmittel eignen sich Kopierräder zum Übertragen von Schnittmustern, Kämme aus Holz, durchbrochene Borten und sogar Zwiebelnetze. Experimentiere!

MATERIAL

Platte mit glatter Oberfläche, mindestens DIN A4
Transparent- oder Seidenpapier
Linoldruckfarben auf Wasserbasis
Farbwalze
Kopierrad
Kamm
Borte oder Spitze
Durchbrochenes Band oder Netz

Scharfkantige Werkzeuge wie ein Kopierrad oder ein Kamm ergeben lineare Strukturen. Du legst ein Transparent- oder Seidenpapier auf eine mit Farbe eingewalzte Platte und ziehst mit dem Kopierrad oder Kamm gerade, gewellte oder sich kreuzende Linien über das Papier. Dabei musst du kräftig aufdrücken.
Oder du legst eine Borte bzw. ein Netz auf das Papier und rollst mit einer sauberen Farbwalze kräftig darüber. Die entstandene Monotypie weist überall dort, wo sich Löcher in der Borte oder im Netz befanden, keine Farbe auf. Alle übrigen Bereiche erhielten die Farbe der Platte.

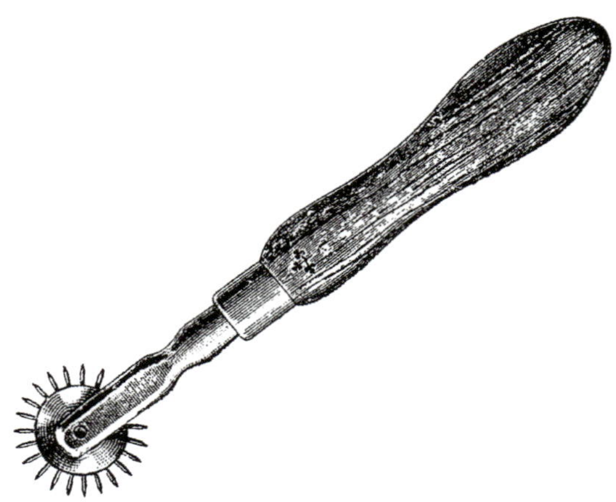

Sonne, Mond und Sterne

Lampion

MATERIAL

2 Monotypien mit Strukturen (siehe Seiten 98/99)
Fotokarton, DIN A2
Schere oder Cutter und Schneidematte
Schnur, Draht, Klebstoff
Bleistift, Lineal, Falzbein, LED-Teelicht
Washi-Tape oder Klebebänder mit Bildtransfer (siehe Seiten 116/117)

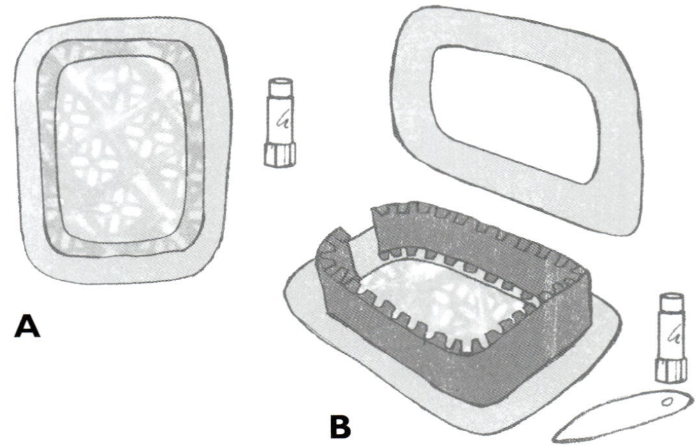

Aus Fotokarton schneidest du zwei gleich große rechteckige Rahmen zu und rundest die Ecken jeweils ab. Oder du gibst deinem Lampion eine andere Form (siehe unten rechts). Die Ausschnitte hinterklebst du mit den Monotypien (**A**). Anschließend legst du eine Schnur um einen der Ausschnitte und ermittelst so die Länge des Verbindungsstreifens, der zwischen den Rahmen angebracht werden soll. Schneide einen Fotokartonstreifen zu, der etwas kürzer ist als die ermittelte Länge und etwas breiter als das LED-Teelicht. An beiden Längskanten des Streifens ziehst du im Abstand von ca. 0,5 cm zum Rand eine Bleistiftlinie und faltest die Kante mithilfe eines Falzbeins um. Dann schneidest du beide Längskanten in kurzen, regelmäßigen Abständen bis zum Falz ein, sodass kleine Zacken entstehen. Mithilfe dieser Zacken und etwas Klebstoff befestigst du den Verbindungsstreifen an der Vorderseite des Lampions. Oben am Lampion sollen sich die Streifenenden nicht überlappen. Stattdessen bleibt ein kleines Stück offen. Wenn der Kleber getrocknet ist, wird die Rückseite aufgeklebt (**B**). Setze das Teelicht ein und befestige an der oberen Kante ein Stück Draht, an dem du später den Laternenstab einhängen kannst. Schön sieht es aus, wenn du die Ränder deines Lampions mit Washi-Tape oder Bildtransferbändern (siehe Seiten 116/117) verzierst.

RABIMMEL,
RABAMMEL,
RABUMM

Kartondruck

Was viele nicht wissen: Auch aus Karton lassen sich Druckstöcke herstellen. Du kannst eine Druckplatte einrichten, indem du ein Stück Karton in der gewünschten Bildgröße mit aus Fotokarton geschnittenen Motiven beklebst. Oder du schneidest dein Motiv aus Fotokarton aus und benutzt es wie einen Stempel.

MATERIAL

Fester Karton in der gewünschten Bildgröße
Fotokarton
Schere oder Cutter und Schneidematte
Klebestift
Bleistift
Schmierpapier
Linoldruckfarben auf Wasserbasis
Teller
Borstenpinsel
Nudelholz

Für den Kartondruck eignen sich einfache Motive, die eine klare Silhouette haben und sich gut ausschneiden lassen. Ein Motiv muss jedoch nicht aus einer einzigen planen Fläche bestehen. Du kannst auch Formen im Motivinneren einzeichnen, die später herausgeschnitten werden und im Druck weiß erscheinen oder nachträglich eine andere Farbe erhalten. Wenn du dünnen Fotokarton verwendest, hast du sogar die Möglichkeit, separate Motivteile (zum Beispiel Gliedmaßen) auszuschneiden und auf das Hauptmotiv (zum Beispiel den Körper) aufzukleben.
Skizziere dein Bild zunächst mit Bleistift auf Schmierpapier. Bist du damit zufrieden, schneidest du die Bildmotive aus der Skizze aus.

Mithilfe dieser Papierschablonen überträgst du alle Motive auf den Fotokarton und schneidest sie wiederum aus.
Wenn du eine Druckplatte mit mehreren Bildmotiven anfertigen möchtest, arrangierst du die einzelnen Bildelemente auf einem stabilen Karton und klebst sie fest. Sollen die Elemente im Druck so erscheinen wie in deiner Skizze, musst du die Fotokartonelemente wenden und seitenverkehrt auf den Karton aufkleben.
Sind alle Bildelemente an ihrem Platz und auf die Platte geklebt, färbst du die Platte ein. Dafür etwas Farbe auf den Teller geben und mit dem Pinsel aufrühren. Anschließend die Fotokartonelemente mit dem Pinsel einfärben. Hast du überall satt Farbe aufgetragen, wendest du die Platte und legst sie vorsichtig auf dem Papier ab. Danach einmal das Nudelholz mit gleichmäßigem Druck über die Rückseite der Platte rollen. Ziehe die Platte vorsichtig ab und betrachte dein Druckergebnis.

Tipp: Elemente im Motivinneren, die eine andere Farbe erhalten sollen, kannst du am Stück aus dem Fotokarton ausschneiden und beiseitelegen (**A**). Sie werden eingefärbt und aufgedruckt, wenn der erste Druck bereits getrocknet ist (**B** und **C**).

A

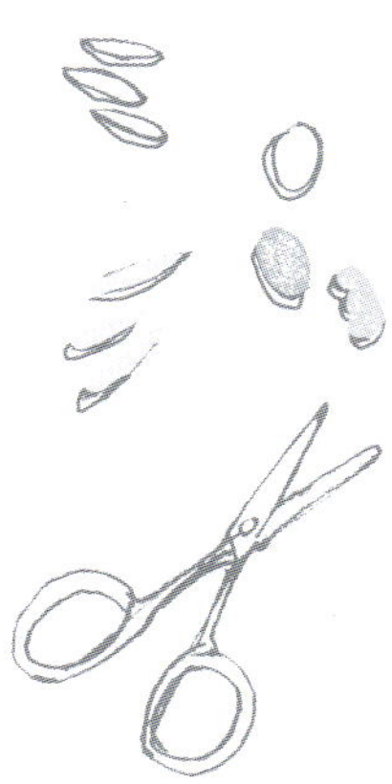

B

C

BERÜCKEND!

IGEL UND GIRAFFE

MATERIAL
Papier
Fotokarton
Schere
Klebestift
Linoldruckfarben auf Wasserbasis
Teller
Borstenpinsel
Nudelholz

Auf Seite 102 wird erklärt, wie du dein Kartonmotiv für den Druck vorbereitest. Für den Igel schneidest du Kopf, Körper, Auge, Füße und Stacheln aus Fotokarton aus und klebst sie zum Tier zusammen. Für die Giraffe brauchst du sogar noch mehr Einzelteile, nämlich Körper, Hals, Beine, Schwanz, Kopf, Ohren und einige Fellflecken. Ist alles an seinem Platz, kannst du den zusammengesetzten Tierkörper wie einen Stempel einsetzen.

Du gibst etwas Druckfarbe auf einen Teller und rührst sie mit dem Pinsel auf. Dann färbst du das gesamte Tier mit dem Pinsel ein.
Hast du überall satt Farbe aufgetragen, wendest du das Tier und legst es vorsichtig auf dem Papier ab. Kräftig andrücken oder einmal mit dem Nudelholz über die Rückseite rollen. Ziehe den Fotokarton vorsichtig ab und betrachte dein Druckergebnis.

WELCH SELTSAMER REITER,
DEIN REISEBEGLEITER.
DA LOB ICH MIR
MEIN FRÜHSTÜCK HIER.

Giraffe und Igel:
◀ Severin (9 Jahre)
und Nik (11 Jahre) ▶

Naturdruck

Dass man mit vielen Verpackungsmaterialien drucken kann, weißt du schon. Aber kannst du dir auch vorstellen, mit Blättern und Blütenblättern zu drucken? Du musst ein bisschen vorsichtiger mit diesem Druckmaterial umgehen, denn im Gegensatz zu Plastikverschlüssen oder Moosgummi können Blätter beim Drucken reißen. Die Druckergebnisse sind aber wirklich toll. Gedruckte Blätter und Blüten haben eine wunderbare Struktur und du kannst jede einzelne Blattader als feine Linie erkennen.

MATERIAL

Frische Blätter und Blüten
Papier
Linoldruckfarbe auf Wasserbasis
Farbwalze, Borstenpinsel
Glasplatte oder Kartonrest
2 Moosgummiplatten
Nudelholz
Filzstift oder Füller
Schere

Zunächst gibst du etwas Linoldruckfarbe auf die Glasplatte oder den Kartonrest. Du kannst auch zwei oder mehr Farben mischen, indem du sie mit dem Pinsel verrührst. Dann kommt die Farbwalze zum Einsatz: Damit mehrmals über die Farbe rollen, bis eine gleichmäßige Farbschicht entstanden ist. Anschließend legst du ein Blatt mit der Unterseite nach oben in die Farbe und rollst so lange vorsichtig darüber, bis es komplett

Druck und Gegendruck eines Ahornblatts

Die Blütenblätter der Hortensie ▶ werden mithilfe der Überschneidungstechnik (siehe unten) gedruckt.

gefärbt ist. Achte besonders darauf, dicht an den Mitteladern zu rollen, damit das Blatt auch innen Farbe annimmt.
Anschließend auf eine Moosgummiplatte ein Blatt Papier legen. Danach das eingefärbte Blatt vorsichtig mit der Unterseite nach unten auf dem Papier platzieren. Darüber legst du ein zweites Blatt Papier und eine weitere Moosgummiplatte. Mit dem Nudelholz rollst du einmal kräftig über die obere Moosgummiplatte und schon kannst du dich überraschen lassen! Es sind zwei Drucke entstanden – der Gegendruck auf dem oberen Papier und der eigentliche Druck auf dem unteren. Welcher gefällt dir besser?
Schreibe zum Schluss auf jedes bedruckte Blatt Papier den Namen des Blattes oder der Pflanze, zu der das gedruckte Blatt gehört.
Hier noch ein Trick, wenn du mehrere Blätter abdrucken willst, die sich überschneiden: Drucke die Blätter nicht in einem Arbeitsschritt. An den Schnittstellen würde man das vorne und das dahinter liegende Blatt jeweils vollständig sehen, was unnatürlich wirkt. Um zu erreichen, dass das vordere Blatt das hintere verdeckt, druckst du zuerst das vordere Blatt. Dann schneidest du den Gegendruck aus (**A**) und legst ihn auf das zuerst gedruckte Blatt. Nun das zweite Blatt darüberdrucken (**B**). Weil das erste Blatt durch den Gegendruck geschützt war, sieht es so aus, als läge das zweite hinter dem ersten Blatt (**C**).

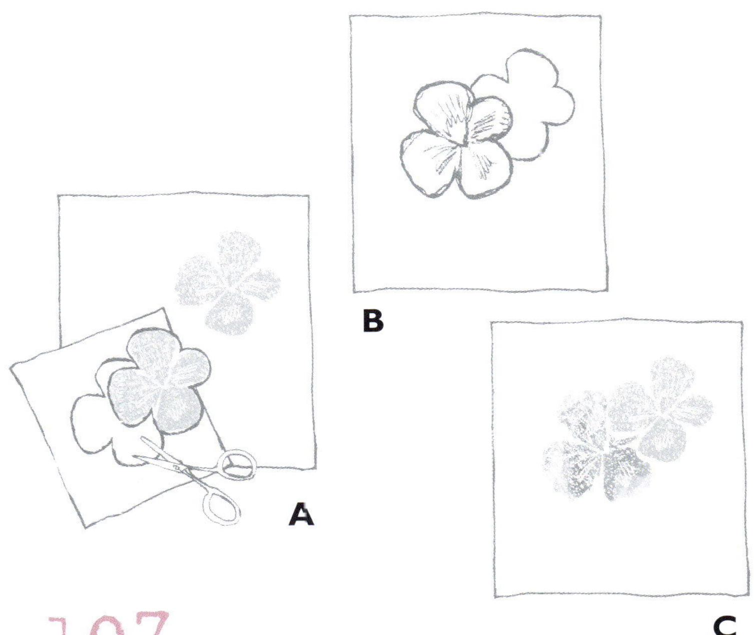

BLÄTTERWALD

HERBARIUM

MATERIAL

2 Blatt festes Papier oder Tonpapier, DIN A4
Naturdrucke (siehe Seiten 106/107)
2 Papierklemmen, Lineal, Falzbein

Als die Fotografie noch nicht erfunden war, haben vor allem Apotheker mit der Naturdrucktechnik gearbeitet. Sie wollten ihr Wissen über Heilpflanzen mithilfe von Herbarien weitergeben. Ein Herbarium ist ein Buch, in das gepresste Pflanzen eingeklebt sind. Wie du dir vorstellen kannst, waren diese gepressten Pflanzen aber sehr empfindlich. Deshalb kam man auf die Idee, die Pflanzen abzudrucken. So erhielt man eine botanisch exakte Abbildung der Pflanze, die viel haltbarer war als die gepresste Pflanze.

Wie die Innenseiten deines Herbariums entstehen, steht auf den Seiten 106/107. Für das Deckblatt suchst du dir ein besonders schönes Blatt aus oder deine Lieblingsblume und druckst sie auf sehr festes Papier oder Tonpapier. Lass am linken Rand etwas Platz (mindestens 2 cm). Nach dem Trocknen legst du ein Lineal mit einem Abstand von 1,5 cm zur linken Kante parallel zur Kante an und fährst an diesem entlang einmal kräftig mit dem Falzbein über das Tonpapier. Anschließend das Tonpapier an der Linealkante hochklappen und umfalzen. Das Gleiche machst du mit dem zweiten Tonpapier, dem hinteren Deckblatt. So ist eine Art Gelenk entstanden, mit dem sich die Seiten gut aufklappen lassen. Zum Schluss die Innenseiten zwischen die Deckblätter legen und das Herbarium am linken Rand mit zwei Papierklemmen zusammenhalten. Wenn du magst, kannst du noch das Wort Herbarium auf das vordere Deckblatt schreiben.

▶ Naturdrucke: Vera (3 Jahre), Eva (4 Jahre), Johannes (4 Jahre), Lina (6 Jahre), Paul (6 Jahre) und Jakob (7 Jahre)

die Linde
Buche

Plattendruck mit Hartschaum

Das Drucken mit Hartschaum (Styrofoam) funktioniert ähnlich wie mit Moosgummi. Du kannst Hartschaumplatten im Modellbau- oder Bastelladen kaufen. Oder du recycelst Verpackungen von Hamburgern oder asiatischem Fast Food, die aus Polystyrol-Hartschaum hergestellt sind.

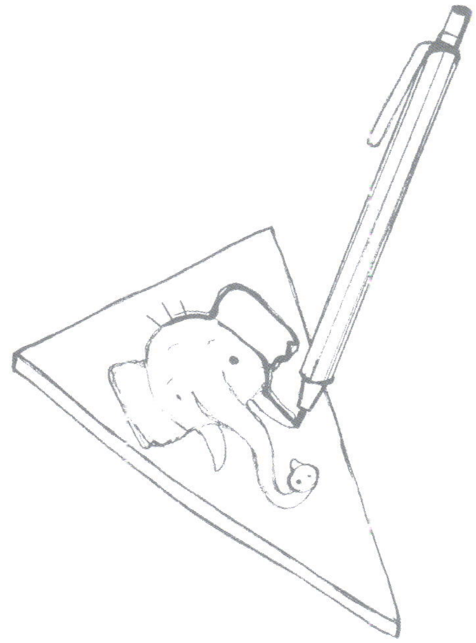

MATERIAL FÜR DIE PLATTE

Dünne Hartschaumplatte
Schmierpapier
Butterbrotpapier
Weicher Bleistift
Druckbleistift
Schere

Der Vorteil von dünnen Hartschaumplatten ist, dass du sie mit einer Schere zuschneiden kannst und keinen Heißdraht brauchst wie für dicke Polystyrol- oder Styroporplatten. Außerdem „bröseln" sie nicht so wie Styropor und du erhältst im Druck klare Kanten.
Beim Plattendruck mit Hartschaum treten Linien besonders gut hervor. Die Linien werden in den Hartschaum geritzt und bleiben später im Druck weiß (bzw. erhalten die Farbe des Papiers), während die restlichen Flächen eingefärbt werden. Du solltest dir also Motive ausdenken, die sich mit Linien darstellen lassen. Auch Buchstaben eignen sich als Motive. Am besten machst du auf Schmierpapier ein paar Skizzen. Hast du dein Motiv gefunden, zeichnest du es mit einem weichen Bleistift auf Butterbrotpapier. Dann wendest du das Papier und legst es auf die Hartschaumplatte. Wie auf Seite 37 erklärt, wird das Grafit der Bleistiftlinien durch das Nachfahren der Linien von der Rückseite auf die Platte übertragen. Das Motiv ist dann seitenverkehrt auf deiner Platte zu sehen und wird später seitenrichtig gedruckt. Die Bleistiftlinien ziehst du mit einem Druckbleistift nach und drückst kräftig auf, damit sich die Linien tief in die Platte eingraben.
Deine fertige Hartschaumdruckplatte kannst du viele Male zum Drucken verwenden.

Kunterbunte Wimpelkette

MATERIAL
Dünne Hartschaumplatte
Schere
Papier
Linoldruckfarbe auf Wasserbasis
Farbwalze
Glasplatte oder Kartonrest
Nudelholz
Klebstoff
Geschenkband oder Schnur

Bei deiner nächsten Geburtstagsparty werden deine Freunde staunen, wenn du sie mit einer selbst gedruckten Wimpelkette willkommen heißt!
Aus der Hartschaumplatte schneidest du mehrere Dreiecke in der gewünschten Wimpelgröße aus und bearbeitest die dreieckigen Platten, wie auf den vorigen Seiten erklärt. Du kannst zum Beispiel jede der Platten mit einem Buchstaben versehen, sodass alle Wimpel zusammen einen Begrüßungstext ergeben oder deinen Namen bilden. Die Buchstaben sehen übrigens noch interessanter aus, wenn du sie als Tiere, Gegenstände oder Figuren gestaltest.

Für den Druck gibst du zunächst Linoldruckfarbe auf die Glasplatte oder den Kartonrest und rollst mit der Farbwalze mehrmals darüber, bis die Farbe gut auf der Walze verteilt ist. Anschließend über die dreieckige Druckplatte rollen und diese komplett einfärben.
Dann platzierst du die eingefärbte Seite der Platte auf dem Papier und rollst mit dem Nudelholz einmal mit Druck über die Rückseite der Hartschaumplatte. Das Papier vorsichtig von der Platte abziehen.
So verfährst du mit allen Platten. Nach dem Trocknen den dreieckigen Druck jeweils ausschneiden. Wenn du willst, kannst du nun die Rückseiten der Papierwimpel genauso bedrucken wie die Vorderseite.
Den oberen Rand jedes Wimpels faltest du zur Rückseite um und klebst ihn so an der Kante fest, dass sich ein Tunnel ergibt. Die Papierüberstände rechts und links abschneiden. Fädele ein Stück Schnur oder Geschenkband durch den Tunnel und verbinde auf diese Weise alle Wimpel zu einer Wimpelkette.

▶ Wimpelketten: Charlotte (9 Jahre) und Marlene (6 Jahre)

ALLES
LET'S PARTY!
GUTE
WILLKOMMEN

BILDTRANSFER

    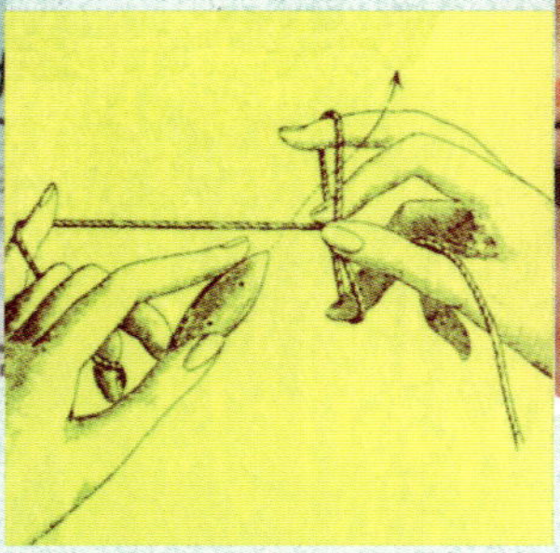 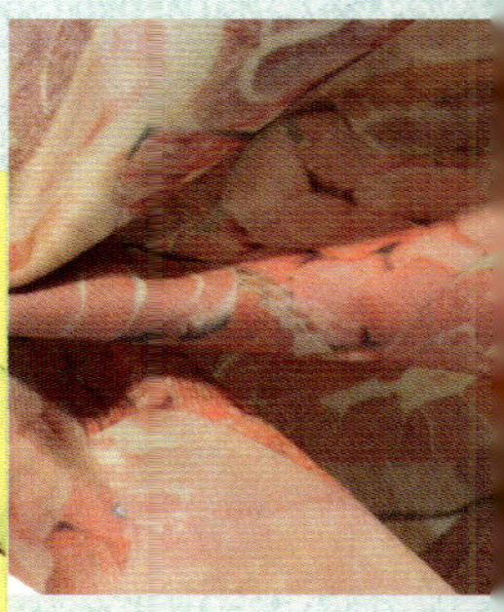

DANKESCHÖN MERCI THANKS

dir. SARRASANI
歴史小説
Auflösung
KUHSCHWANZ
の買い足し

Klebeband

Mit dieser Technik kannst du Ausschnitte aus Zeitschriften, Fotokopien oder Laserprints auf neue Untergründe bringen. Du brauchst dazu nur transparentes Paketklebeband, eine Schüssel mit warmem Wasser und natürlich die Bilder, Muster etc., die du übertragen möchtest.

MATERIAL

Transparentes Paketklebeband, 5 cm breit
Farbige oder schwarz-weiße Laserkopien oder Zeitschriftenseiten
Schere
Falzbein, Holzspachtel etc.
Schüssel mit warmem Wasser
Klebestift

Schneide ein Stück Klebeband in der Größe des Bildes zu, das du transferieren (übertragen) willst. Dann klebst du das Band auf das Bild und streichst mit dem Falzbein oder einem anderen Reibewerkzeug mehrmals kräftig von innen nach außen, damit sich die Tinte des Bildes überträgt und keine Blasen oder Rillen mehr im Klebeband zu sehen sind. Überstehendes Papier reißt oder schneidest du ab.
Das Klebeband mit dem Bild legst du nun ins warme Wasser, und zwar mit der Papierseite nach oben. Danach rubbelst du mit deinem Daumen über das weich gewordene Papier und entfernst auf diese Weise das Papier vom Klebeband. Es ist immer wieder verblüffend zu beobachten, dass das Bild auf dem Klebeband haften bleibt, obwohl das Papier entfernt wird! Achte darauf, dass du das gesamte Papier abrubbelst. Beim Rubbeln kannst du die Papierfasern fühlen. Wenn Papierreste stehen bleiben, werden sie später als weiße Flecken zu sehen sein. Anschließend lässt du das Klebeband mit der Klebeseite nach oben trocknen. Bist du mit deinem Transferergebnis zufrieden? Sollten nach dem Trocknen noch Papierrückstände vorhanden sein, legst du das Klebeband einfach noch einmal ins warme Wasser und wiederholst den Vorgang.
Vor dir liegen nun die fertigen, mit Bildern versehenen Klebebänder. Meist ist die Klebekraft nach dem Trocknen immer noch vorhanden, sodass du die Bänder einfach auf den neuen Untergrund aufbringen kannst. Falls sie nicht mehr gut kleben, hilfst du mit einem Klebestift nach.

VERKLEIDET STIFTEDOSE

真

MATERIAL
Plastikdose (für Kakaopulver, Röstzwiebeln o. Ä.)
Acrylfarbe in Weiß und breiter Flachpinsel oder weißes Klebeband
Klebebandstreifen mit Bildtransfer (siehe Seiten 116/117)
Washi-Tape

吃饭了吗。

히로시마

メッセバロンの一日

السلام عليكم

नमसत

Um einen einheitlichen Untergrund herzustellen, beklebst du die gut gesäuberte Plastikdose von außen mit einem blickdichten, weißen Klebeband oder malst sie mit weißer Acrylfarbe gleichmäßig an. Lass die Farbe gut trocknen.
Jetzt musst du nur noch entscheiden, mit welchen Transferstreifen du deine Stiftedose verkleiden willst. Du kannst die Streifen sauber nebeneinanderkleben oder verschiedene Transferbänder übereinanderlegen und zum Beispiel Ausschnitte aus Kreuzworträtseln mit Fotos, Zeichnungen oder Texten (eventuell mit fremdartigen Schriftzeichen, wie links zu sehen) kombinieren. Durchforste doch mal euer Altpapier! Du wirst sicher interessantes Transfermaterial finden.

AB IN DIE DOSE!

DANKE SCHÖN!

PARTYTÜTEN

MATERIAL

Frühstücksbeutel aus Butterbrotpapier
Kreisstempel in unterschiedlichen Größen (siehe Seiten 26/27)
Linoldruckfarbe auf Wasserbasis oder Acrylfarbe
Transparentes Paketklebeband, 5 cm breit
Laserausdrucke deines Dankeschön-Textes
Schwarz-Weiß-Kopien verschiedener Fotos von dir (alternativ: Kopien kreisförmiger Bildmotive)
Schere

Möchtest du deinen Geburtstagsgästen ein Dankeschön mit nach Hause geben? Dann sind diese Partytüten die richtigen Behälter dafür! Zunächst schreibst du eine kleine Danksagung (einen Satz oder nur ein Wort) am Computer und druckst sie mehrfach mit einem Laserdrucker aus. Du kannst auch mit der Hand schreiben, den Text einscannen und ausdrucken oder im Copyshop Kopien machen. Wie auf den Seiten 116/117 beschrieben, transferierst du deine Danksagung auf ein Klebeband. Auf die gleiche Weise überträgst du anschließend Kopien von Fotos deines Gesichts (oder von anderen kreisförmigen Bildmotiven) mehrfach auf Klebeband. Verwende Fotos in unterschiedlichen Größen.
Nach der Anleitung von Seite 27 stellst du verschieden große Kreisstempel her und bedruckst die Frühstücksbeutel mit bunten Punkten. Lass die Farbe trocknen. Dann schneidest du die transferierten Gesichter (oder anderen kreisförmigen Motive) aus und klebst sie ebenfalls auf. Jetzt nur noch die Danksagung aufkleben, die Tüten mit kleinen Naschereien füllen und den Partygästen mit auf den Heimweg geben!

DANKESCHÖN MERCI THANKS
DANKESCHÖN MERCI THANKS
DANKESCHÖN MERCI THANKS

Selfmade Bilderrahmen

MATERIAL

Bilderrahmen
Dicke Pappe, etwas kleiner als der Bilderrahmen
Papierklebeband
Acrylfarbe in Weiß
Dicker Flachpinsel
Sekundenkleber, Klebestift
Klebebandstreifen mit Bildtransfer (siehe Seiten 116/117)

Du hast einen Bilderrahmen, der schon etwas abgestoßen ist und ziemlich langweilig aussieht? Dann pimpe ihn mit Bildtransfer!
Schneide aus der Pappe einen Rahmen aus, der an allen Seiten 3 cm kürzer und etwas breiter ist als dein Bilderrahmen (**A**). Anschließend klebst du die Ränder deines Papprahmens mit Papierklebeband ab (**B**). Streiche alle Flächen des Papprahmens, die später sichtbar sind, mit weißer Acrylfarbe und lass die Farbe trocknen (**C**). Danach beklebst du den Papprahmen mit den Transferstreifen. Sollten sie nicht mehr gut kleben, kannst du mit einem Klebestift nachhelfen (**D**). Zum Schluss den Papprahmen punktuell mit Sekundenkleber auf dem Bilderrahmen befestigen (**E**).

A

B

C

D

E

CHEESE!

MECKERLE
HEPPEL
BOSS
SCHLAFI
PEPPEL

Gelmedium

Gelmedium wurde ursprünglich als Malmittel für die Acrylmalerei entwickelt. Es lässt sich aber auch verwenden, um Fotokopien oder Laserausdrucke auf Holz, Metall, Glas, Keramik oder Stoff zu transferieren. Wie Bildtransfer mit Klebeband funktioniert auch Bildtransfer mit Gelmedium nur, wenn man mit Ausdrucken eines Laserdruckers oder mit Fotokopien arbeitet. Beim Laserdruck oder Fotokopieren wird Toner eingesetzt und mit Hitze fixiert. Dieser Toner kann beim Bildtransfer wieder von der Papieroberfläche gelöst werden. Der Ausdruck eines Tintenstrahldruckers lässt sich dagegen nicht transferieren, weil die Tinte dauerhaft in die Papierfasern einzieht und nicht herausgelöst werden kann.

MATERIAL

Gelmedium/Transfermedium
Schwarz-Weiß- oder Farbfotokopie
Untergrund aus Holz, Metall, Stein oder Stoff
Weicher Pinsel
Reibewerkzeug (alte Telefon- oder Kreditkarte)
Föhn
Schwamm
Sprühlack

Zunächst streichst du deinen Untergrund und die Vorderseite der Kopie satt mit Gelmedium ein. Dann legst du die Kopie mit der Vorderseite nach unten auf den Untergrund und drückst sie an. Mit einer alten Telefon- oder Kreditkarte streichst du sie glatt. Übe dabei gleichmäßig Druck aus. Anschließend lässt du alles gut trocknen. Du kannst mit einem Föhn nachhelfen. Das vollständig getrocknete Papier feuchtest du nun mit einem Schwamm und lauwarmem Wasser an und rubbelst es vorsichtig ab. Darunter erscheint das Bild seitenverkehrt auf dem Untergrund. Du musst versuchen, sämtliche Papierfasern zu entfernen und das transferierte Bild komplett freizulegen. Es sollen keine Faserreste mehr vorhanden sein. Das ist nicht einfach: Rubbelst du zu doll, entfernst du vielleicht Teile des Bildes. Reibst du zu sanft, bleiben möglicherweise Papierreste haften und das Bild sieht aus wie unter einem Schleier. Im Zweifelsfall lieber weniger stark reiben und trocknen lassen. Danach erneut leicht anfeuchten und die restlichen Fasern entfernen. Zum Schluss kannst du das transferierte Bild mit Klarlack einsprühen, damit es leicht glänzt und die Oberfläche dauerhaft geschützt wird.

KONTAKTFREUDIG

KÜHLSCHRANKMAGNETE

MATERIAL
Schwarz-Weiß- oder Farbfotokopien
Holzplättchen in der Größe der Kopien
(alternativ: Holzlatte, Schraubzwinge, Säge, Schleifpapier)
Material für Bildtransfer mit Gelmedium (siehe Seite 125)
Magnete
Doppelseitiges Klebeband
Schere

Kühlschrankmagnete mit einem Foto von dir selbst, deinem Haustier oder einem von dir geliebten Gegenstand schmücken euren Kühlschrank und können auch dazu dienen, Zettel oder Nachrichten für andere Familienmitglieder festzuhalten. (Sie kommen übrigens auch als Weihnachts- oder Geburtstagsgeschenk bei Eltern und Großeltern sehr gut an!)
Als Untergrund dienen rechteckige Holzplättchen, die man manchmal als Reststücke im Baumarkt bekommt. Wenn du mit einer Säge umgehen kannst, hast du auch die Möglichkeit, eine Latte in kleine Rechtecke zu zersägen. Anschließend solltest du die Kanten mit Schleifpapier glätten.
Übertrage die Fotokopien auf die Holzplättchen, wie auf Seite 125 beschrieben. Ist der Bildtransfer gelungen? Wenn ja, brauchst du nur noch die Magnete mit doppelseitigem Klebeband zu versehen und hinten auf die Plättchen zu kleben.

▶ Kühlschrankmagnete:
Elisa (6 Jahre) und Julian (8 Jahre)

COOL!

ZUM ANBEISSEN

HALLOWEEN-HAARSCHMUCK

MATERIAL
Stoffreste in Weiß
Werbeprospekte für Lebensmittel
Schere, Klebstoff
Papier, DIN A4
Gelmedium/Transfermedium
Dicker Pinsel, Falzbein
Nadel und Faden, Stecknadeln
Haarspange, Gummiband

Gruseloutfit für Halloween gesucht? Da haben wir etwas für dich: Der Haarschmuck mit hübschem Fleischdekor lässt dich zum Anbeißen aussehen.

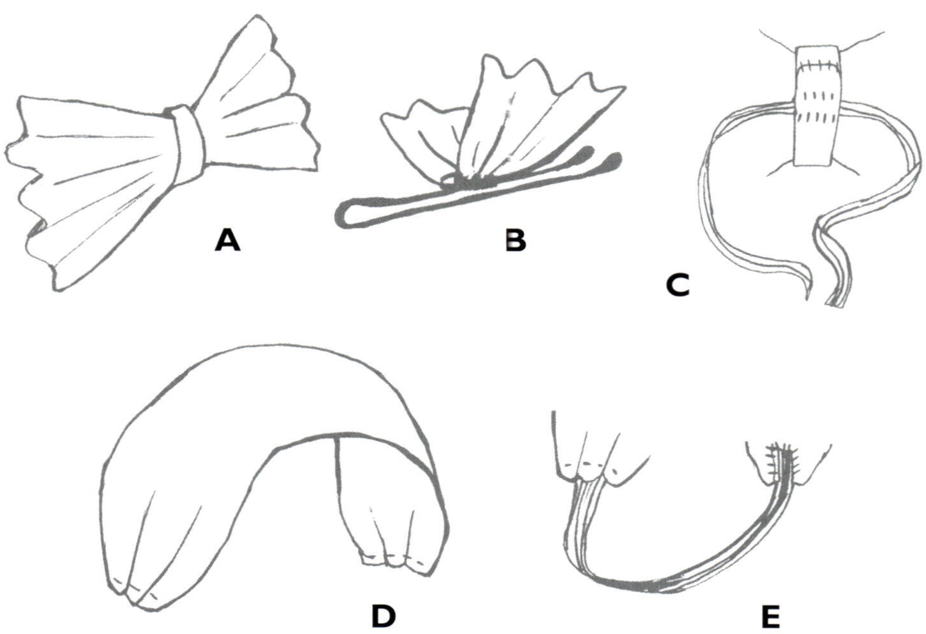

Aus Werbeprospekten für Lebensmittel schneidest du alle Abbildungen aus, die Fleisch zeigen. Klebe die Bilder auf einem DIN-A4-Papier zu einer Collage zusammen. Die fertige Collage kopierst du im Copyshop mehrmals in Farbe. Mit dem Gelmedium überträgst du die Collage auf mehrere Stoffreste (siehe Seiten 124/125). Lass die Stoffe gut trocknen. Für Haarschleife und Fliege schneidest du anschließend ein 7 x 7 cm großes Stoffstück mit Fleischdekor zu. Falte es ziehharmonikaartig und umwickle es in der Mitte eng mit einem Faden oder nähe einen schmalen Stoffstreifen um die Mitte (**A**). An den Wicklungen befestigst du die Haarspange (**B**) und am Stoffstreifen nähst du ein Gummiband an (**C**). Es soll gedehnt so lang sein, dass du die Fliege anschließend bequem über deinen Kopf ziehen kannst. Für das Haarband schneidest du einen breiten Stoffstreifen zu. Die kurzen Enden hältst du etwas ein (das heißt, du schiebst sie beim Nähen zusammen) und nähst die Enden eines Gummibands an (**D** und **E**). Die Länge von Stoffstreifen und Gummiband richtet sich nach der Größe deines Kopfes. Am besten heftest du alles zunächst mit Stecknadeln zusammen und testest, ob das Band gut am Kopf sitzt. Perfekt? Dann schnell festnähen und auf zur Halloween-party!

ANHANG

Tipps & Tricks

▶ Willst du Kleidungsstücke oder Taschen bedrucken, solltest du immer eine Pappe oder ein Stück Filz zwischen Vorder- und Rückseite schieben. So verhinderst du, dass sich beim Stempeln Farbe von der Vorderseite auf die Rückseite durchdrückt und umgekehrt.

▶ Um ein Motiv spiegelverkehrt auf Stempel- oder Druckmaterial zu übertragen, damit es später seitenrichtig gedruckt werden kann, zeichnest du es mit einem weichen Bleistift auf Butterbrotpapier. Dann wendest du das Papier und legst es auf das Stempelmaterial. Fahre alle durchscheinenden Linien mit dem Bleistift nach. Das Grafit der Bleistiftlinien überträgt sich durch das Nachfahren der Linien auf das Stempelmaterial und das Motiv erscheint dort spiegelverkehrt.

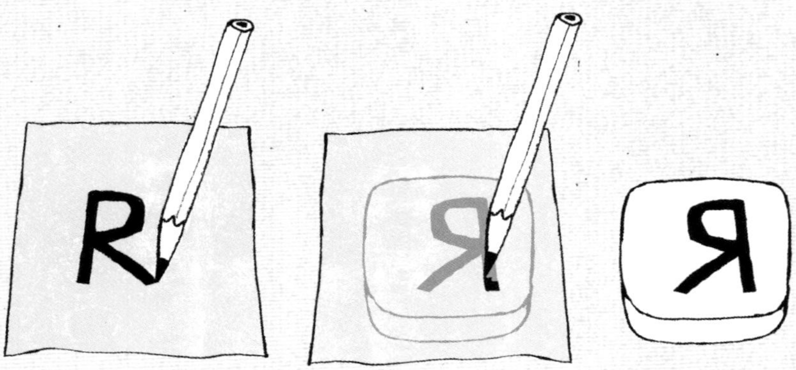

▶ Einen Stupfpinsel zum Schablonieren kannst du dir selbst herstellen: Du nimmst einen runden Haarpinsel und schneidest die Pinselspitze mit der Schere gerade ab, sodass ein fester Block aus Pinselhaaren entsteht.

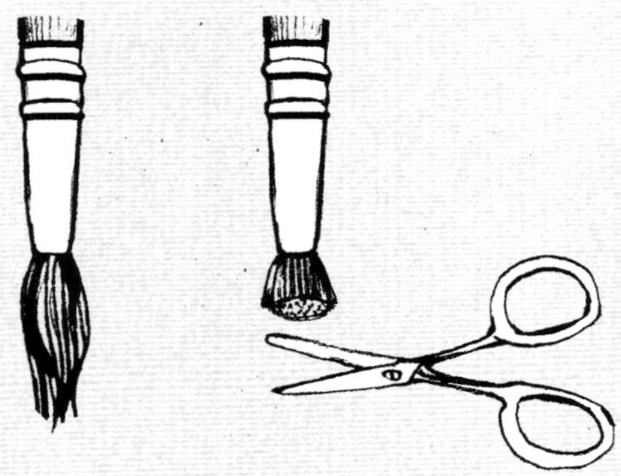

▶ Soll im Motivinneren einer Papierschablone ein Bereich ausgespart bleiben, also später beim Schablonieren keine Farbe erhalten, solltest du Stege einplanen, die diesen Bereich mit dem Papier außerhalb des Motivs verbinden.

▶ Wasser abweisend wird Papier, wenn du es mit farblosem Kerzenwachs einreibst.

▶ Beim Kartondruck kannst du Elemente im Motivinneren, die eine andere Farbe erhalten sollen, am Stück aus dem Karton ausschneiden und beiseitelegen. Sie werden erst dann eingefärbt und aufgedruckt, wenn die Farbe des ersten Drucks getrocknet ist.

▶ Papierschablonen halten länger, wenn du sie vor dem ersten Schablonieren mit Öl einstreichst.

▶ Wenn du beim Naturdruck sich überschneidende Blätter drucken willst, solltest du sie nicht in einem Arbeitsschritt abdrucken. An den Schnittstellen würde man das vorne und das dahinter liegende Blatt jeweils vollständig sehen, was unnatürlich wirkt. Um zu erreichen, dass das vordere Blatt das hintere verdeckt, druckst du zuerst das vordere Blatt. Dann schneidest du den Gegendruck aus und legst ihn auf das zuerst gedruckte Blatt. Nun das zweite Blatt darüberdrucken. Weil das erste Blatt durch den Gegendruck geschützt war, sieht es so aus, als läge das zweite hinter dem ersten Blatt.

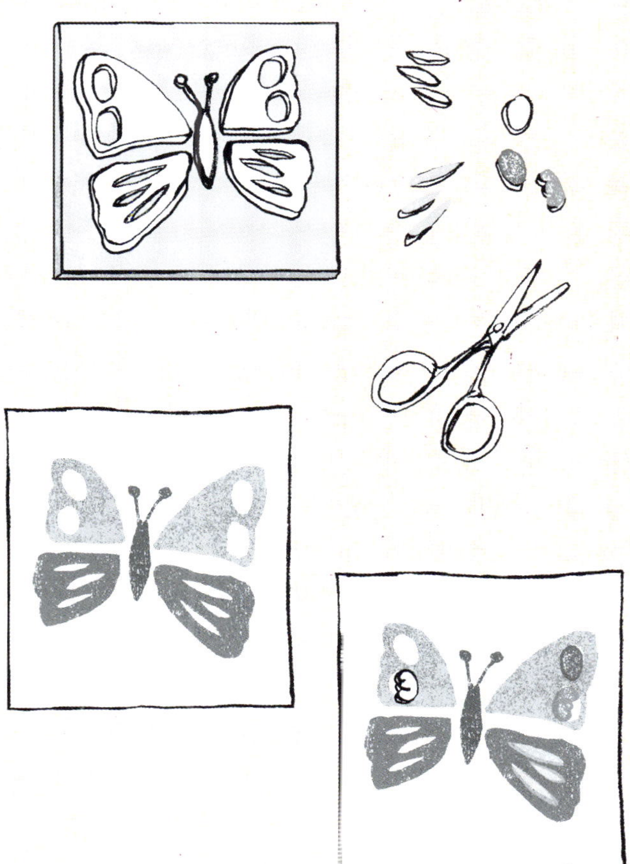

Glossar

Bildtransfer
Übertragung eines Bildes (ausgehend von einem Zeitschriftenausschnitt, einem Laserausdruck oder einer Kopie) auf einen Untergrund aus Holz, Stoff, Papier, Kunststoff etc. mithilfe von Klebeband, Gelmedium oder Aceton (Letzteres ist ein Lösungsmittel und sollte wegen der Gesundheitsrisiken nicht von Kindern verwendet werden).

Direktes Druckverfahren
Beim direkten Druckverfahren wird Farbe von der Druckform direkt auf den Untergrund abgegeben, das Druckergebnis ist im Vergleich zur Ausgangsform immer seitenverkehrt. Deshalb müssen Buchstaben schon spiegelverkehrt auf der Druckform liegen, damit sie seitenrichtig abgedruckt werden.

Druckform
Der Gegenstand, mit dem Zeichen, Bilder oder Texte auf den Druckträger, zum Beispiel das Papier, übertragen werden

Druckstock
Trägermaterial im Hochdruck

Durchdruck
Druckverfahren, bei dem die Farbe durch ein Sieb gedrückt wird. Stellen, die nicht farbig werden sollen, deckt man mit Schablonen ab. Das funktioniert so ähnlich wie bei der Spritztechnik mit Sieb und Zahnbürste (siehe Seiten 74/75). Ein Beispiel für eine Durchdrucktechnik ist der Siebdruck.

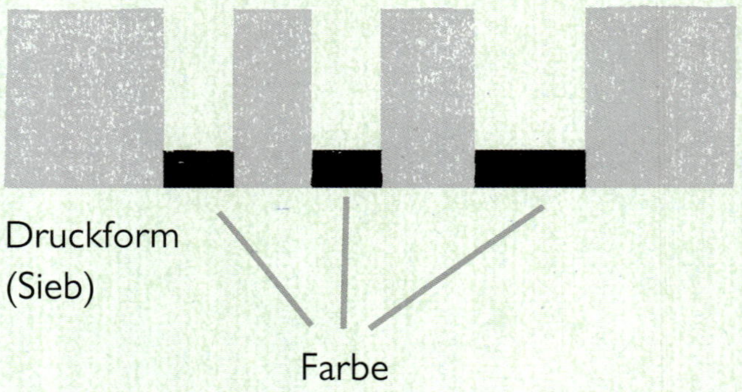

Flachdruck
Druckverfahren, bei dem die druckenden und nicht druckenden Teile ungefähr auf einer Ebene liegen. Ein Beispiel für eine Flachdrucktechnik ist die Lithografie (Steindruck).

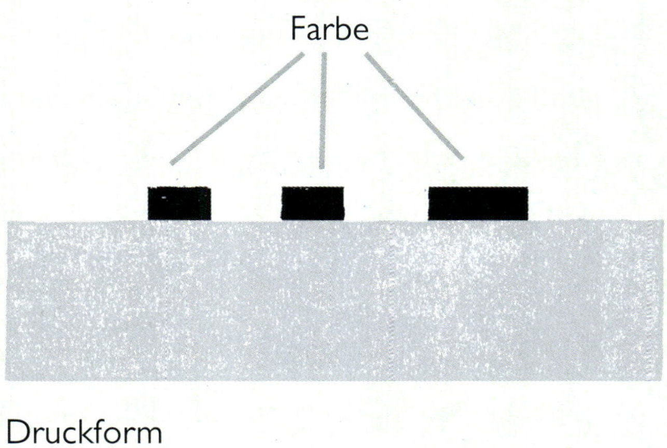

Frottage
Druckverfahren durch Abreiben (frz. *frotter* = reiben) mit Kreide, Wachsmalkreide, Kohle, Bleistift ...

Gelmedium
Malmittel für die Acrylmalerei, das sich gut für Bildtransfers eignet. Es wird auch unter dem Namen Transfermedium oder Photo Patch im Bastelhandel angeboten.

Herbarium
Sammlung getrockneter Pflanzen für wissenschaftliche Zwecke

Hochdruck
Druckverfahren, bei dem die druckenden Teile höher liegen als die restliche Druckform. Weil die Farbe von der Druckform direkt auf den Bild- oder Schriftträger abgegeben wird, entsteht ein spiegelverkehrtes Druckbild (siehe ***Direktes Druckverfahren***). Beispiele für Hochdrucktechniken sind unter anderem der Holzschnitt und der Linolschnitt.

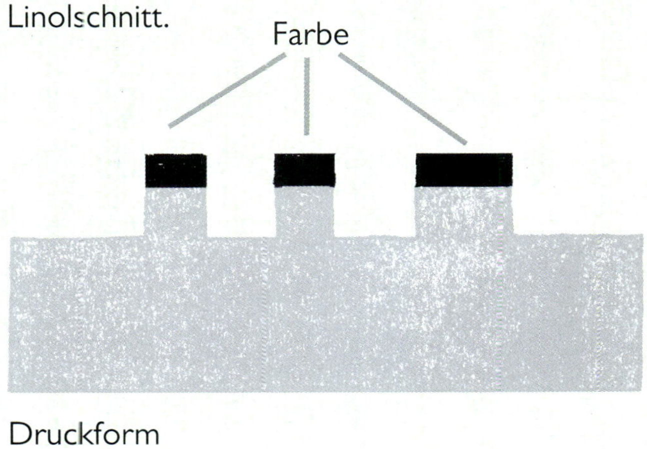

Indirektes Druckverfahren
Beim indirekten Druckverfahren wird die Farbe nicht direkt aufgedruckt, sondern man nutzt einen Zwischenträger. Das heißt, das Druckbild erscheint seitenverkehrt auf dem Zwischenträger, aber seitenrichtig auf dem endgültigen Untergrund.

Monotypie
Monotypie bedeutet Einmaldruck, denn das Ergebnis entsteht nicht mehrfach wie sonst beim Drucken, sondern nur einmal. Auf eine gleichmäßig mit Druckfarbe eingewalzte Platte wird ein Blatt Papier aufgelegt. Gezeichnet wird mit einem Bleistift, Kugelschreiber oder Pinselstiel auf der Rückseite (der oben liegenden Seite) des Papiers. Überall dort, wo Druck ausgeübt wird, überträgt sich die Farbe auf das Papier und das Motiv wird sichtbar.

Schablone
Eine Schablone besteht aus einem Trägermaterial mit ausgeschnittenem Motiv und dient zur Übertragung gleichartiger Muster. Die Farbe wird nur an den ausgeschnittenen Stellen auf den Untergrund übertragen.

Soll im Inneren einer Schablone eine Fläche keine Farbe erhalten (zum Beispiel bei Letternschablonen der Buchstaben A, B, D, O, P, Q und R), muss der diese Fläche überdeckende Teil der Schablone durch Stege mit dem Bereich außerhalb des Motivs verbunden sein.

Stempeldruck
Beim Stempeln wird die handliche Druckform auf den Bild- oder Schriftträger, zum Beispiel das Papier, aufgedrückt. Der Stempeldruck ist ein Hochdruckverfahren, denn die druckenden Stellen sind erhaben (liegen höher als die nicht druckenden Teile). Stempel können aus vielen verschiedenen Materialien geschnitten werden. Dass schon vor Jahrtausenden gestempelt wurde, belegt der Diskos von Phaistos. Diese Tonscheibe mit vielen gestempelten Schriftzeichen ist etwa 3600 Jahre alt und wurde auf der Insel Kreta gefunden.

Heraklion Archaeological Museum, Hellenic Ministry of Culture and Sports – Archaeological Receipts Fund

Tiefdruck
Druckverfahren, bei dem die druckenden Teile tiefer liegen als die restliche Druckform. Die Druckfarbe befindet sich in den Vertiefungen. Beispiele für Tiefdrucktechniken sind unter anderem die Radierung und der Kupferstich.

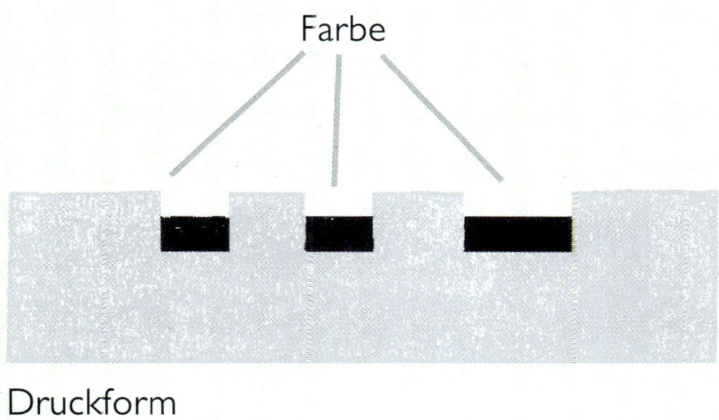

Transfermedium
siehe *Gelmedium*

Test, Test, Test!

1

Wie heißen die Druckverfahren? Schreibe die Buchstaben in die blauen Kreise. 4 Punkte

A

B

C

D

- ◯ Flachdruck
- ◯ Tiefdruck
- ◯ Hochdruck
- ◯ Durchdruck

2

Wie kannst du die Form eines Kleckses verändern? 2 Punkte

Durch:

A ....

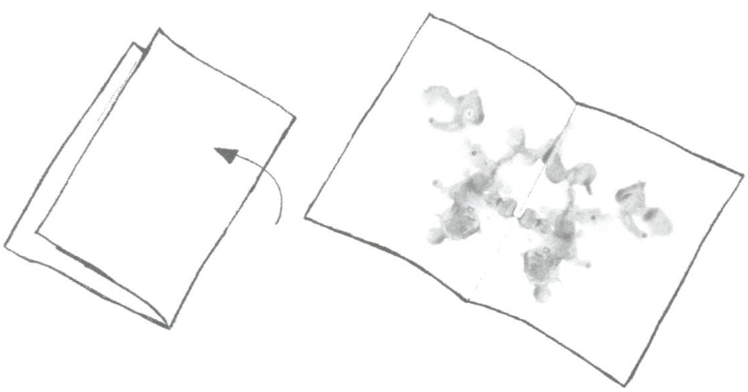

B ....

3

Was passiert, wenn du den in Radiergummi geschnittenen Namen abdruckst?
3 Punkte

....

....

4

Was bedeutet Frottage? 1 Punkt

....

5

Was bedeutet Monotypie? 1 Punkt

....

6

Welches der Bilder ist ein Porträt? Kreuze an. 1 Punkt

○ **A**

○ **B**

○ **C**

7

So lassen sich die Buchstaben nicht schablonieren. Korrigiere! 7 Punkte

8

Welche Malmaterialien eignen sich für die Frottage? Nenne vier Materialien. 4 Punkte

....

....

....

....

9

Wie schaffst du es, dass sich beim Naturdruck zwei Blätter überschneiden, ohne dass das hinten liegende Blatt durchscheint? 3 Punkte

....

....

....

10

Wie heißt der bekannte bildende Künstler, der viel mit Frottage gearbeitet hat? 1 Punkt

....

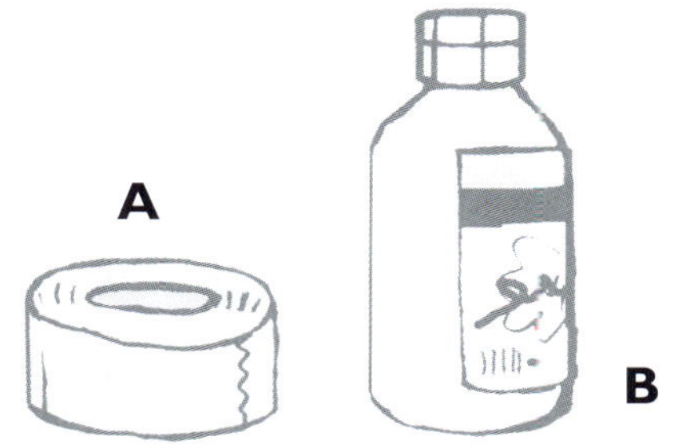

11

Mit welchen Hilfsmitteln kannst du Bilder transferieren? 2 Punkte

A ....

B ....

12

Wie alt ist der älteste bis heute erhaltene Träger von gestempelten Schriftzeichen? Wie heißt er? 2 Punkte

....

....

LÖSUNGEN

1 **A = Tiefdruck, B = Hochdruck**
C = Durchdruck, D = Flachdruck

2 **A = Pusten, B = Abklatschen**

3 **Er erscheint spiegelverkehrt.**

4 **Reiben**

5 **Einmaldruck**

6 **A**

7

8 **Kreide, Wachsmalkreide, Bleistift, Kohle**

9 **Durch Abdecken des ersten Blatts mit dem ausgeschnittenen Gegendruck**

10 **Max Ernst**

11 **A = Klebeband, B = Gelmedium**

12 **ca. 3600 Jahre alt, Diskos von Phaistos**

AUSWERTUNG

31–26 Punkte: Du bist ein Profi! Schreibe deinen Namen in die Urkunde und zeige sie jedem.

25–18 Punkte: Du bist auf dem Weg zum Profi.

17–10 Punkte: Lies an der einen oder anderen Stelle im Buch nach und mache den Test morgen noch einmal.

Weniger als 10 Punkte: Für dich ist dieses Buch gemacht. Trage es immer bei dir.

Urkunde

NAME .... KANN:

STEMPELN

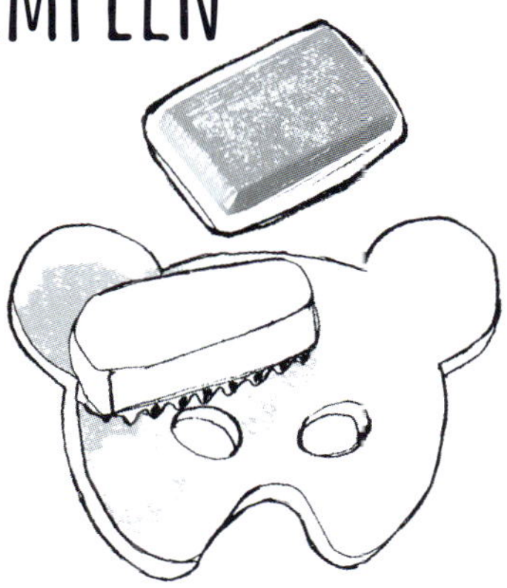

WALZEN

SCHABLONIEREN

ABREIBEN

BILDER TRANSFERIEREN

GLÜCKWUNSCH